グルメ&リゾート列車の旅
パーフェクトガイド

INDEX

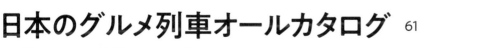

表紙・裏表紙
横浜〜伊豆急下田間を走る「ザ・ロイヤルエクスプレス」の車内
PHOTO：坪内政美、川井 聡

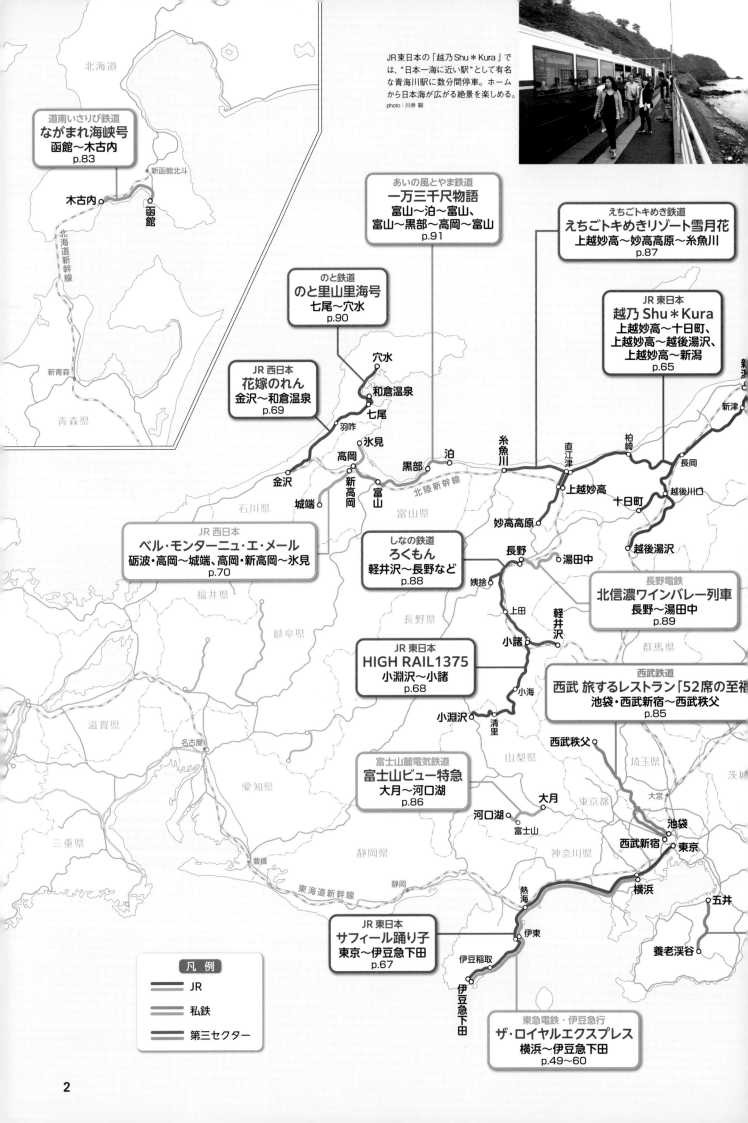

JR東日本の「越乃Shu*Kura」では、"日本一海に近い駅"として有名な青海川駅に数分間停車。ホームから日本海が広がる絶景を楽しめる。
photo：川井 聡

道南いさりび鉄道
ながまれ海峡号
函館〜木古内
p.83

あいの風とやま鉄道
一万三千尺物語
富山〜泊〜富山、
富山〜黒部〜高岡〜富山
p.91

えちごトキめき鉄道
えちごトキめきリゾート雪月花
上越妙高〜妙高高原〜糸魚川
p.87

のと鉄道
のと里山里海号
七尾〜穴水
p.90

JR東日本
越乃 Shu*Kura
上越妙高〜十日町、
上越妙高〜越後湯沢、
上越妙高〜新潟
p.65

JR西日本
花嫁のれん
金沢〜和倉温泉
p.69

JR西日本
ベル・モンターニュ・エ・メール
砺波・高岡〜城端、高岡・新高岡〜氷見
p.70

しなの鉄道
ろくもん
軽井沢〜長野など
p.88

長野電鉄
北信濃ワインバレー列車
長野〜湯田中
p.89

JR東日本
HIGH RAIL 1375
小淵沢〜小諸
p.68

西武鉄道
西武 旅するレストラン「52席の至福
池袋・西武新宿〜西武秩父
p.85

富士山麓電気鉄道
富士山ビュー特急
大月〜河口湖
p.86

JR東日本
サフィール踊り子
東京〜伊豆急下田
p.67

東急電鉄・伊豆急行
ザ・ロイヤルエクスプレス
横浜〜伊豆急下田
p.49〜60

北海道
新函館北斗
木古内
函館
北海道新幹線
新青森
青森県
穴水
和倉温泉
七尾
羽咋
氷見
高岡
城端
新高岡
金沢
石川県
福井県
富山
黒部
泊
糸魚川
新潟県
北陸新幹線
妙高高原
上越妙高
直江津
柏崎
長岡
越後川口
十日町
越後湯沢
湯田中
長野
姨捨
上田
軽井沢
小諸
小海
小淵沢
清里
西武秩父
山梨県
群馬県
埼玉県
茨城
大宮
池袋
西武新宿
東京
横浜
五井
養老渓谷
神奈川県
熱海
伊東
伊豆稲取
伊豆急下田
滋賀県
名古屋
三重県
岐阜県
愛知県
豊橋
静岡県
静岡
東海道新幹線
長野県
東京都
河口湖
富士山
大月
富山県

凡 例
━━ JR
━━ 私鉄
━━ 第三セクター

秋田内陸縦貫鉄道
ごっつお玉手箱列車
角館〜阿仁合
p.84

秋田内陸縦貫鉄道
フレンチトレイン
角館〜阿仁合
p.103

JR 東日本
TOHOKU EMOTION
（東北エモーション）
八戸〜久慈
p.63

三陸鉄道
プレミアムランチ列車
宮古〜久慈
p.103

JR 東日本
海里
新潟〜鶴岡・酒田
p.64

JR 東日本
フルーティアふくしま
郡山〜喜多方、郡山〜仙台
p.66

小湊鐵道
ジビエ懐石料理列車
五井〜養老渓谷
p.104

青森県
八戸
久慈
宮古
岩手県
盛岡
阿仁合
角館
秋田
秋田県
秋田新幹線
酒田
鶴岡
山形県
新庄
山形新幹線
村上
山形
宮城県
仙台
喜多方
福島
会津若松
郡山
潟県
島県
木県
葉県

三陸の美しい海を眺めながら走る JR 東日本の
「 TOHOKU EMOTION 」。ビュースポットでは
速度を落としてくれる。photo：坪内政美

グルメ&リゾート列車の旅
パーフェクトガイド
INDEX MAP
東日本編

北海道、東北、関東、北陸の各地を走る人気列
車が勢揃い。桜満開の花見シーズンはもちろん、
銀世界の真冬でも列車旅を楽しむことができる
ので、春夏秋冬のグルメを味わい尽くしたい。

2020（令和2）年にデビューした JR 東日本
の「サフィール踊り子」。全車がグリーン席
か、それ以上の仕様で、車内設備も充実し
ており、カフェテリアも設置されている。

全国的な人気を誇るJR九州の「或る列車」。極上の食・時・おもてなしの3つの"極上"をメインテーマに、ゴージャスな車内で季節の旬の食材を使ったコース料理が味わえる。当初は時期により運行コースが異なっていたが、当面の間は博多～由布院間の運行となる。
photo：坪内政美

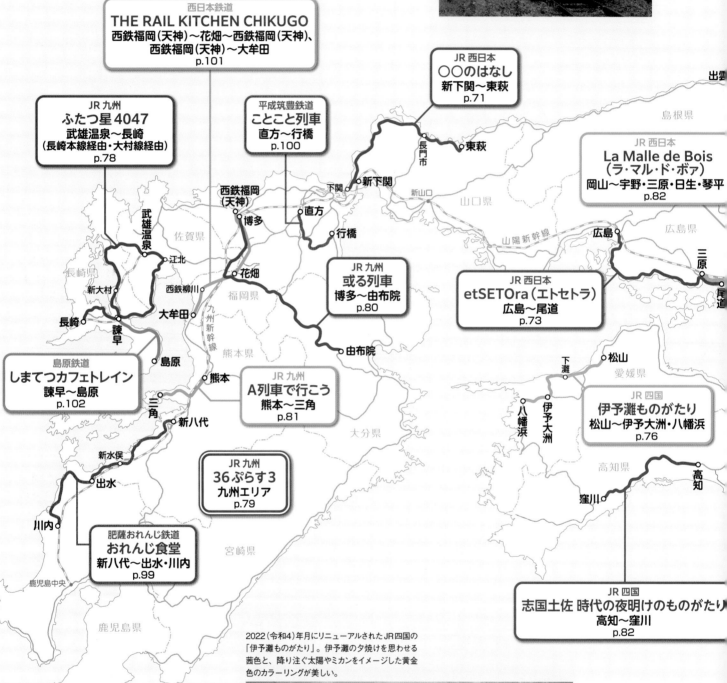

西日本鉄道
THE RAIL KITCHEN CHIKUGO
西鉄福岡（天神）～花畑～西鉄福岡（天神）、
西鉄福岡（天神）～大牟田
p.101

JR西日本
○○のはなし
新下関～東萩
p.71

JR九州
ふたつ星4047
武雄温泉～長崎
（長崎本線経由・大村線経由）
p.78

平成筑豊鉄道
ことこと列車
直方～行橋
p.100

JR西日本
La Malle de Bois
（ラ・マル・ド・ボァ）
岡山～宇野・三原・日生・琴平
p.82

JR九州
或る列車
博多～由布院
p.80

JR西日本
etSETOra（エトセトラ）
広島～尾道
p.73

島原鉄道
しまてつカフェトレイン
諫早～島原
p.102

JR九州
A列車で行こう
熊本～三角
p.81

JR四国
伊予灘ものがたり
松山～伊予大洲・八幡浜
p.76

JR九州
36ぷらす3
九州エリア
p.79

肥薩おれんじ鉄道
おれんじ食堂
新八代～出水・川内
p.99

JR四国
志国土佐 時代の夜明けのものがたり
高知～窪川
p.82

出雲

島根県

長門市　東萩

下関　新下関

新山口

西鉄福岡（天神）　博多

佐賀県　直方

行橋

山口県

山陽新幹線

広島　広島県

三原

武雄温泉　江北

長崎県　西鉄柳川

新大村　花畑

長崎　大牟田　福岡県

諫早　九州新幹線

島原

熊本県　由布院

三角　熊本

下灘　松山　愛媛県

新八代

八幡浜　伊予大洲

新水俣

大分県

高知県

出水

高知

川内

窪川

宮崎県

鹿児島中央

鹿児島県

2022（令和4）年4月にリニューアルされたJR四国の「伊予灘ものがたり」。伊予灘の夕焼けを思わせる茜色と、降り注ぐ太陽やミカンをイメージした黄金色のカラーリングが美しい。

凡 例

- ━━━ JR
- ━━━ 私鉄
- ━━━ 第三セクター

**グルメ&リゾート列車の旅
パーフェクトガイド**

INDEX MAP
西日本編

近畿、中国、四国、九州の各地をめぐる人気列車。JR四国の「伊予灘ものがたり」やJR九州の「或る列車」は全国的な人気を誇る。明知鉄道や長良川鉄道など中部圏の列車も、ローカルムード満点で楽しい。

**JR 西日本
あめつち**
鳥取〜出雲市
p.72

**京都丹後鉄道
丹後くろまつ号**
福知山〜天橋立、天橋立〜西舞鶴
p.95

**京都丹後鉄道
丹後あかまつ号**
西舞鶴〜天橋立
p.104

**JR 西日本
SAKU美SAKU楽
（さくびさくら）**
岡山〜津山
p.74

**JR 西日本
WEST EXPRESS 銀河**
西日本エリア
P.75

**樽見鉄道
薬草列車**
大垣〜樽見
p.93

**長良川鉄道
ながら**
美濃太田〜北濃
p.94

**近畿日本鉄道
あをによし**
大阪難波→近鉄奈良→京都、
京都→近鉄奈良、
京都→近鉄奈良→大阪難波
p.97

**JR 四国
四国まんなか千年ものがたり**
多度津〜大歩危
p.77

**明知鉄道
食堂車**
恵那〜明智
p.92

**近畿日本鉄道
青の交響曲（シンフォニー）**
大阪阿部野橋〜吉野
p.98

**近畿日本鉄道
しまかぜ**
大阪難波・近鉄名古屋・京都〜賢島
p.96

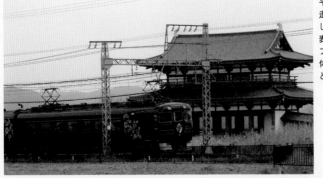

平城宮跡に建つ朱雀門の前を走る近畿日本鉄道の「あをによし」。奈良の正倉院宝物に代表される「天平文化」をモチーフにしたデザインを取り入れ、車体は天平時代に最も高貴な色とされた紫で彩られている。

目指すは"日本中を走れる観光列車"

画一的なデザインしかなかった
鉄道車輌に革命を起こした人物、
それこそが水戸岡鋭治だ。
本当に愛され続けるものを
実直に追求する姿勢を貫き、
従来はタブーとされていた
木材を使った内装を実現させた。
その一つの到達点が
「ななつ星in九州」なのである。
過去に手掛けてきた仕事から
今後のクルーズトレインに至るまで、
水戸岡鋭治が自らの仕事の
過去と将来について語った。

PHOTO：川井 聡　TEXT：古橋龍一

お話をうかがった人

水戸岡鋭治 さん

1947（昭和22）年岡山県生まれ。県立岡山工業高校デザイン科卒業。サンデザイン（大阪）、STUDIO SILVIO COPPLA（ミラノ）を経て、72（昭和47）年ドーンデザイン研究所設立。88（昭和63）年「アクアエクスプレス」で鉄道デザインに進出。JR九州をはじめとする車輌デザイン、公共デザイン、建築・商業施設デザイン等に携わる。

「アクアエクスプレス」を皮切りに
鉄道の世界に足を踏み入れる

　建物などの完成予想図になるパース画の制作をメインにこなしていた水戸岡鋭治が、鉄道車輌の世界に足を踏み入れたのは、JR九州発足の翌年にあたる1988（昭和63）年のこと。アートディレクションを担当した「ホテル海の中道」（現・THE LUIGANS SPA & RESORT）の好評を受け、そこにアクセスするための列車のデザインの依頼がJR九州から届

く。それが、香椎線の「アクアエクスプレス」だった。鉄道についてまったく知らない外部の人間の登用は、当時としては異例だった。

　「私は右も左も分からないので、苦労でも何でもなかったのですが、周囲のみんなが大変だったみたいで……。私がデザインしたものを作るために努力したJR九州の車両課の人たち、それから工場の制作チーム、彼らの苦労は大きかったでしょう。何しろ、私は鉄道のルールも知らなければ、コスト感覚も分からずに『こんなのがあるといいね』という希

望を膨らませたわけなので……」。

　アクアエクスプレスでは、当時では類を見ない真っ白な車体が採用された。

　「車体を白にしたいと希望しても、実際に現場で制作する側からは『それは困ります』という返答の連続でした。『どうして困るのですか』と尋ねても、『白だと汚れが目立つ』とか『前例がない』とか、そういった答えばかりで、『それが正解ではないよね』と思う場面に直面したものです。とはいえ、船でもヨットでもボディは真っ白なのが当たり前です。ア

「ななつ星 in 九州」を構想するにあたって、スペイン北部を周遊するクルーズトレイン「エル・トランスカンタブリコ」に乗車。
同鉄道の担当者らの案内で、クルーズトレインの旅に初めて触れた。

クアエクスプレスは博多湾や玄界灘の近くを走るので、『ヨットのような白い電車』を想像して白にしたのです」。

その後も水戸岡は、JR九州の車輌デザインを手掛けてゆく。国鉄時代に製造された特急用の485系電車では、JR九州のコーポレートカラーである赤一色の塗色にした。後に「レッドエクスプレス」の愛称で親しまれた車輌である。

「赤の塗色は、私からの提案です。それ以前にも、JR九州バスの『レッドライナー』でバスを真っ赤に塗った実績があり、赤は可愛らしく、さらにインパクトも出て、楽しそうに見えるのです。当時は、JR九州の仕事が今後10年、20年と続くとは思っていなかったので、一過性の関係で終わるのだからと、思い切った色を使ったのです」。

鉄道車輌に豊かな色彩を取り入れたという点では、水戸岡デザイン車輌の原点の一つといえるだろう。

「子どもの時の鉄道車輌は、蒸気機関車（SL）の黒、客車の濃い茶色、それに客車特急の濃いグリーンやブルーくらいで、"色"を感じない。ところがヨーロッパを旅したとき、日本とは鉄道車輌の色が違うことを体験しました。それゆえ、真っ赤な車体というのも、ヨーロッパの車輌をイメージして作ればいいのではないか……そんな軽い気持ちでしたね」。

手をかけて作ったものにこそ
本物の感動が宿ると信じて

JR九州の787系電車は、博多～西鹿児島（現・鹿児島中央）間を走る特急「つばめ」で1992（平成4）年にデビュー。この車輌こそ、水戸岡が内観・外観を含めた車輌のすべてをデザインした最初のものである。水戸岡車輌の代名詞となっている木材をふんだんに使った内装も、この787系が初めてだ。水戸岡の実家では家具の製造を生業にしていたので、幼少期から木のことをよく知っていたのだ。

「木といっても、木材は一種類だけにせず、部屋や目的、空間ごとに使い分けるようにしています。木にはそれぞれ個性や特徴があり、それを活かしたぬくもりのある空間を作りたいと思っていました。工業製品の中に天然素材が失われてゆく時代だからこそ、やっぱり天然素材は心地いいという実感を持っていたのです」。

とはいえ木材は燃えやすく、鉄道の安全輸送に影響を与えるため、その使用は制限を受ける。そのため、可能な限り天然素材にこだわることが、それ以降の水戸岡の仕事の大きなテーマとなった。乗客が目に触れるところで、金属を使わないようにするにはどうしたらよいのか……。その到達点が、豪華列車「ななつ星 in 九州」となる。

「ななつ星では、木を0.15mmくらいに薄くスライスし、それをアルミに貼り付けるようにしています。燃焼実験を行い、どうやったら燃えにくいのか試行錯誤して生み出されました。見た目はすべて木でも、中は最先端の技術でできている。これにより、床も壁も天井も、すべて木を使って表現できるようになったのです。クラシックに見えますが、実は最先端の技術なのです」。

そんな「ななつ星」のようなクラシック車輌も、水戸岡は今後作るのが難しいと考えている。

「良い材料が手に入りにくく、それを手掛

2013（平成25）年10月に「ななつ星in九州」はデビュー。これにより、多くの日本人が豊かな列車旅に触れられるようになった。『水戸岡鋭治 デザイン＆イラスト図鑑』から

ける職人も減ってきています。さらに、昔の様式を理解しているデザイナーが、今どれくらい残っているのでしょうか。クラシックなデザインというのは、図面の量が3、4倍にもなるので、手間暇がかかります。一方、現在のデザイン作業では、手をあまり動かさずに済ませる方法が重視され、それをよしとする風潮もあります。とはいえ、作る側はクラシックを敬遠しても、利用者はクラシックを望んでいる。昔の懐かしい汽車に出会うと『あぁ、いいよね』って思うものなのです。それを実現するのは難しい作業ですが、それに挑戦したからこそ、ななつ星が生まれたのです」。

ヨーロッパ旅行で
クルーズトレインに出会う

クルーズ客船のように豪華な旅ができるクルーズトレイン。そもそも「ななつ星」登場以前は、日本には存在しなかった。

「私に"クルーズトレイン"という名前を教えてくれた人がいます。それは、この人です」と水戸岡が指差した人物こそ、本記事のカメラマンである川井聡である。二人は旧知の仲で、「ななつ星」登場以前から交流を深めていた。

「川井さんは事あるごとにクルーズトレインの話をしてくれていましたが、私は乗ったことがないので、それが何だか分からなかった。でも、川井さんとスペインを旅行したとき、その時に乗った列車が『クルーズトレイン』を名乗っていた。当初は豪華列車なのだろうとしか思っていなかったのですが、列車を出て観光名所を回ったり、外で食事をしてからまた列車に戻ったりと、多様性をもった旅を体験したのです。そのときに『これがクルーズトレインなのか』と初めて分かりました。これなら、列車の中だけの旅は無理という人でも受け入れられ、日本でもうまくいくのではないか……そんな直感が働いたのです。そのときの体験を、ななつ星に重ねてゆくことになります」。

クルーズトレインの魅力は数多いが、水戸岡はその中でも食の重要さを訴え続けている。

「私の最初の旅は、親父と神戸まで乗った2時間半くらいの列車旅でした。母親が作った弁当を車内で食べたとき、前の席にいた知らない人と会話しながら食事を楽しんだものです。後に社会人になり、大阪から東京までの出張で初代新幹線の0系を利用したときには、車内にあるビュッフェで名物のハンバー

グ定食を注文しました。ちょうど富士山を眺めながらハンバーグを味わうことができ、これも印象に残っています。そうした体験から、食がないと思い出が作れないというか、感動が深まらないというか……。現在では廃れた食堂車ですが、そもそも食なしの旅なんてあるのだろうかという気持ちをずっと持っています」。

柿右衛門の遺作にまつわる
「ななつ星」の知られざる逸話

JR九州の看板列車になっている「ななつ星」。デビューから9年余りを経た2022（令和4）年、車輌の大幅リニューアルを実施した。

「本当は手を入れたくないというのが本音でした。そのままでも十分やっていけたのですが、現場の意見により、客室を減らして定員を30人から20人に減らしたのです。20人にすれば、1号車のラウンジカーに全員が着席でき、みんなが一堂に会してイベントなどが楽しめる。以前はどうしても、2つにグループ分けする必要があり、旅の一体感が生まれにくかったのです。そのため、スタッフから20人にしてほしいという希望が挙がったのです」。

今では「ななつ星」は、世界一の列車とい

「ななつ星 in 九州」は2022（令和4）年のリニューアルで、2号車に茶室を新設した。九州各地の銘茶を中心に取り揃え、茶師も乗車し、「お手前」を楽しむことができる。
『水戸岡鋭治 デザイン＆イラスト図鑑』から

う呼び声もあるほど、高いブランド価値を誇る。沿線の人々にも受け入れられ、幅広い人気を獲得している。

「当時のJR九州社長の唐池恒二さんは、『世界一の車輌を作りたい、世界一の車輌でないと価値はない』とずっと口にしていました。世界で最も豪華な『オリエントエクスプレス』にも負けない設備とサービスにこだわり、たとえ小さな装飾品の一つでも負けないだけの準備をしようというのは、ずっと心に抱いていました」。

そのこだわりの象徴ともいえるのが、九州の工芸品を使った車内の調度品の数々だろう。中でも14代「柿右衛門」の洗面鉢は、「ななつ星」のデビュー当初から話題をさらった。

「日本の焼き物は世界的にも評価が高く、その中でも有田焼の知名度は群を抜いています。ヨーロッパのクルーズトレインでも伝統的工芸作家が参加しているので、それに匹敵するものがないかと探し続け、有田焼が思い浮かんだのです。有田焼の代表といえば「柿右衛門・今右衛門・源右衛門」の"三右衛門"です。中でも当時の柿右衛門さんは人間国宝なので、手が届かない存在だと思っていました。ところがお会いして話をすると、柿右衛門さんから『私たちの仕事だと思う』と快諾の言葉をいただいたのです。手掛けた作品のほとんどが個人宅への提供で、多くの人が利用する公共空間に作品を置いたことはあま

りなかったようです。予算もスケジュールもないと伝えたのですが、それでも引き受けていただきました。柿右衛門さんが参加してくれたことで、ななつ星で日本の美のひとつが表現できたと思います」。

柿右衛門が手掛けたのは、料理で使う食器ではなく、洗面所の洗面鉢というのが興味深い。

「明治の頃の古い日本の豪邸で、美しい洗面鉢があるのを目にしたことがあり、こんなものがあったらいいなぁと思っていました。とはいえ、さすがに洗面鉢とは言いにくかったのですが、思い切って伝えると『面白いですね』となったのです。私はサイズだけしか指定していないのですが、柿右衛門さんからは丸形や七角形、八角形などいろいろなものを作っていただきました。ななつ星の7号車にある最もグレードの高い701号室には、鯉を描いた洗面鉢があります。これこそが、柿右衛門さんが生前最後に手掛けたものです。がんに侵されて手が震える中で仕上げたもので、納品されてまもなく亡くなられました。その遺作を取り付けて試運転した時、水を張った状態で見てみると、水が揺れて波紋ができ、まるで鯉が泳いでいるよ

うに見えたのです。その時に『柿右衛門さんはこれがやりたかったのだな』と理解しました」。

全国を走るクルーズトレインこそ地域活性化の切り札となる!?

JR九州以外でも、水戸岡車輌は各地で活躍している。その中で「ななつ星」に匹敵するほどの豪華な列車といえば、東急電鉄の「ザ・ロイヤルエクスプレス」だろう。

「この車輌のすごさは、4カ月で作ったことでしょう。ななつ星時代からの職人たちが集まったことで、外も中も全部ひっくるめて4カ月で作ったのです。まるで豊臣秀吉が一夜で築いた"一夜城"みたいな感じで。東急電鉄側では、たとえばイスを手掛ける職人に対して、東急が直接契約しており、代理店などを仲介していません。そんなケースはほとんどないことなのです」。

通常は横浜～伊豆急下田間を運行する「ザ・ロイヤルエクスプレス」だが、夏季には「ザ・ロイヤルエクスプレス ～北海道クルーズトレイン～」として、北海道へ出張運行を行う。夏の通例になっており、2023（令和5）年で4回目の運行となる。

「ななつ星 in 九州」の車内にある柿右衛門の洗面鉢。中央の鯉を描いたものが、柿右衛門の最後の作だ。生前の柿右衛門は遊び心に溢れ、さまざまな焼物を作ってくれたという。
『水戸岡鋭治 デザイン＆イラスト図鑑』から

THE ROYAL EXPRESS
HOKKAIDO CRUISE TRAIN
美しさ煌めく旅・ディスカバー北海道

THE ROYAL EXPRESS - HOKKAIDO CRUISE TRAIN-
日本一楽しい・美しい・美味しい北海道
HOKKAIDO RAILWAY COMPANY・TOKYU CORPORATION

「ザ・ロイヤルエクスプレス〜北海道 クルーズトレイン〜」は、クルーズトレインの理想の一つかもしれない。北海道の大自然と地元の人々とのふれあいを通し、北の大地での豊かな時間の過ごし方を提供すると謳う。

「JR北海道では廃線が続いて苦戦していますから、以前から何とかしたいと考えていました。JR北海道に観光列車の旅についてプレゼンしたこともあります。たとえば、駅に宿泊施設を作って宿泊するプランにすれば、車内に宿泊設備を作る必要もない。土地はあるのだから、ホームに簡単な宿泊施設や風呂を作ればいいのです。車内に風呂を取り付けるのは大変で、費用もかさみます。車内設備はシンプルでも、いい車輌だったら十分でしょう。これくらいの軽い感じにすることが、クルーズトレインの進化型だと思います。ザ・ロイヤルエクスプレスの北海道での運行は、その第一歩。これまでローカル鉄道のピンチの時に協力できればと力を尽くしてきましたが、その最後が北海道になるかもしれません」。

北海道は、最高の鉄道観光地になる可能性を秘めているという。

「鉄道で旅をして一番楽しい場所は、北海道だと思っています。なぜなら、自然と環境面で圧倒的な贅沢さがあるからです。仮に車輌が走らなくても、景色が素晴らしいので車内にいるだけでも楽しいくらい。出来ればホームに宿泊して、その周囲をみんなで散策してゆったり過ごす…… そんな旅が理想的ではないでしょうか。時速15kmくらいでノロノロ走っていても楽しめるはずです。2時間くらいの列車旅というのは、本当にあっという間。車内で食事をするなら、3時間はないともったいないので、ゆっくり走るのです。一番美しいところだけ走り、あとは車を使ってもいい。鉄道界ではそうした意見が非常識みたいに思

われ、簡単には受け入れられませんが、楽しければいいのです。夏だけでなく、冬も美しいので走らせるべきでしょう。『冬は大変だから』という意見も現場ではあるようですが…… いやいや大変だからこそ面白いし、価値があるのです」。

北海道での人気もあって、「ザ・ロイヤルエクスプレス」は2024年1〜3月に、瀬戸内・四国エリアでの出張運行も予定されている。新幹線で岡山駅に降りたら、ザ・ロイヤルエクスプレスが待ち構え、そのまま瀬戸大橋を渡って四国に向かうという。

「四国だけでなく、たとえば東海エリアなど

でも走らせることができればと考えたりもします。JR東海エリアには観光列車があまり走ってないので、最適なはずです。特に静岡県内の天竜川周辺は、手付かずで自然が残っています。国鉄からJRになって分社化されたけれど、日本中を走り回る観光列車があるべきだと思います。小さな田舎町では観光列車は持てなくても、JRが一致協力して観光列車を日本の末端まで走らせる。最高の観光地というのは、何もない終着駅にあるのです。そんな素晴らしい観光列車があれば、地域の活性化にもつながります。それだけ鉄道の存在価値は高いものなのです」。

鉄道には全国のローカルエリアを活性化させる力があると力説する。そのために今後も力を尽くしたいと、その語り口は熱い。

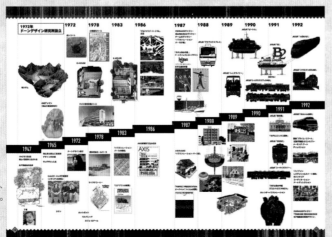

水戸岡鋭治 デザイン＆イラスト図鑑
株式会社玄光社　3500円（税別）

イラストは額縁に収められた形で掲載されている。この額縁も含めてデザインされており、さまざまな形や装飾の額縁があるのに驚かされる。

本書は6つの章で構成され、カテゴリーごとに作品を掲載。冒頭にはイラスト入りの年表が入り、水戸岡の仕事が時系列で把握できる。

水戸岡鋭治の集大成！

「デザイン＆イラスト図鑑」発売

　水戸岡鋭治とドーンデザイン研究所がこれまでの仕事のために描き続けたイラスト・図版を集めた一冊。収録点数は大小合わせて、なんと約3000点にも及ぶ。鉄道車輌を中心に、船舶やバスなど鉄道以外の交通機関、さらに駅舎やリゾート施設など、その多岐にわたる仕事ぶりを窺い知ることができる。一つのものでも、外観や内観はもちろんだが、ロゴやシンボルマークに至るまで描かれ、トータルデザインとは何なのかを示している。

　本の制作全般を担う編集作業についても、本書では水戸岡が自ら担当。ミュージアムの中を歩いて回る感覚で見てほしいと、各イラストは額縁に入れた形で掲載されている。この額縁ももちろん水戸岡らがデザインして描いたもので、本一冊まるごと水戸岡のこだわりが詰め込まれているのだ。

　膨大な仕事量に目を奪われがちだが、各イラストの緻密な書き込みぶりも堪能したい。一点ずつよく見れば、太陽光による陰影表現や座席のモケットの繊細な模様など、気が遠くなるほど色分けが細かくなされていることが分かるだろう。それゆえ、本書冒頭では虫眼鏡を使って見るのを勧めている。各イラストは、水戸岡の頭の中にあるイメージを発注元に示すために描かれたもので、いわば言葉での説明を補うためのものである。それゆえ、収録されているイラストには言葉での説明はない。

「今考えると、気が遠くなるような仕事量で、思い出すだけでもぞっとすることもあります。死にそうになりながら描いていますからね」。

水戸岡鋭治の集大成！
ななつ星 in 九州

本書冒頭の水戸岡鋭治デザイナーのインタビュー記事にもある通り、「ななつ星 in 九州」は
日本で初めての本格的なクルーズトレインである。愛称名は九州の7つの県、九州のおもな
7つの観光素材（自然・食・温泉・歴史文化・パワースポット・人情・列車）、7輌編成の客
車を表現している。その概要をご紹介しよう。

「ななつ星」が通るたびに沿線の人々が手を振ってく
れる光景は、今ではおなじみ。こうしたおもてなしの
一つ一つが、乗客に大きな感動を与えている。
photo：川井聡

九州の食・文化を堪能する
クルーズトレインの元祖

**鉄道旅の新たな可能性を提案した
クルーズトレインのパイオニア**

　九州は中国大陸や朝鮮半島に近く、古くはアジアの玄関口として栄えた歴史がある。2010年代には中国や韓国をはじめとしたインバウンド需要が増加した。

　そうした事情を踏まえ、九州の外部からの観光客を取り込む目的で、これまでにない観光列車の開発が進められた。目的地への移動手段とは一線を画した"新たな鉄道"による旅が追求され、その結果、日本初のクルーズトレインとして「ななつ星 in 九州」が誕生した。

　「ななつ星」の名称は、九州の七つの県（福岡県・佐賀県・長崎県・熊本県・大分県・宮崎県・鹿児島県）と、九州を代表する七つの観光素材（自然・食・温泉・歴史文化・パワースポット・人情・列車）、そして7輌編成の客車を表現している。客室はすべて個室で、そのほかにダイニングカー、ラウンジカーが連結され、専用のディーゼル機関車が牽引する。

　木材を多用した内装は、車内とは思えないほどの洗練された空間となっている。2013（平成25）年10月の運行開始以来、人気は衰えを知らない。海外からの利用者も多く、アメリカの旅行誌「コンデナスト・トラベラー」の2021（令和3）年の読者投票で、列車部門の1位に選ばれた。2022（令和4）年には車輌の一部がリニューアルされ、新たな運行コースでの運用も始まり、今なお"進化"を続ける。

PLAN

ななつ星in九州
ルート＆プラン

乗車前に博多駅の「ななつ星in九州」専用ラウンジ「金星」にてウェルカムセレモニーが実施され、旅への期待が盛り上がる。
PHOTO：中村浩枝

**2022年秋から新コースで運行！
九州の文化に触れるイベントが充実**

「ななつ星」の旅のコンセプトは、「新たな人生にめぐり逢う、旅」。自分自身や同乗するパートナー、さらにはクルー（乗務員）や沿線地域の人々とのさまざまなめぐりあいを通じて、新たな人生にめぐり逢うきっかけとなる旅を追求する。

旅のプランは、「1泊2日」（土曜発・日曜着）と「3泊4日」（火曜発・金曜着）の2つのタイプがあり、「3泊4日」は季節により2つのコース（霧島・雲仙コース）が用意されている。停車駅から専用バスを使った観光地めぐりや、コースによってはレストランでの食事、高級旅館での宿泊もある。

「1泊2日」プランは、西回りで九州を1周

する。瑠璃色に輝く海の絶景を眺めながら、上質空間での列車旅が存分に味わえる。"博多前寿司"の名店「やま中」の職人による車内での握りたての寿司の提供や、車内を彩る組子細工の製作体験などが楽しい。

「3泊4日」プランは、霧島連山の麓エリアを経由しながら九州を1周する「霧島コース」と、由布院や雲仙、熊本などを経由して九州北部を周遊する「雲仙コース」の2種類。いずれも、九州に息づく文化や豊かな大地の恵みに触れるイベントが充実している。

すべての行程とも、新幹線と接続する九州随一のターミナル・博多駅を発着。同駅内の専用ラウンジ「金星」で、乗車の約1時間前にウェルカムセレモニーが開催される。トレインマネージャーの案内のもと、専用通路を通り抜けるといよいよ乗車となる。

3泊4日 雲仙コース （2023年10月～2024年2月）

～大地の恵みと伝統文化を体感し、未来へと繋がる九州の魅力に出逢う旅～

九州に息づく文化、豊かな大地の恵みに触れる北部九州をめぐる旅。昔から保養地として人々に愛された由布院と雲仙、熊本市内にひっそりと佇む細川藩の菩提寺・泰勝寺、島原半島の豊かな大地で種から

大事に育てられる野菜、海外との玄関口として栄えてきた長崎の和華蘭文化、大分県国東エリアで受け継がれる世界農業遺産。未来へ大事に伝えていきたい九州を体感しよう。

長崎エリアでは、波穏やかな大村湾沿いの車窓風景が美しい

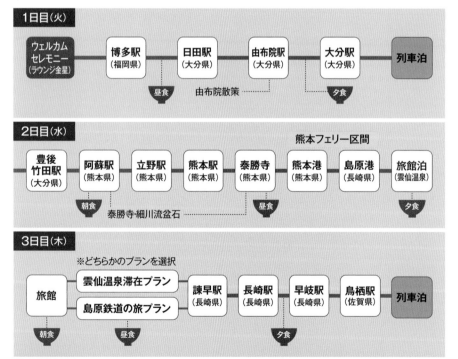

雲仙を代表する観光地、地獄温泉。蒸気と熱気が一面を覆い尽くすさまは地獄そのもの。

ツアー料金（1人あたり）

客室タイプ	2人1室利用時	1人1室利用時
スイート	115万円	170万円
DXスイートB	150万円	220万円
DXスイートA	160万円	240万円

※各コースの内容は、2023年10月～2024年3月出発分のもの。内容は時期により変更する可能性があります。

3泊4日 霧島コース （2023年10月〜2024年3月）

阿蘇山麓の豊肥本線では急勾配区間があるため、スイッチバックしてジグザクに進む

〜九州の焼き物と歴史に触れ、100年の鉄道浪漫に想いを馳せる旅〜

九州を列車でめぐりながら、焼き物や地酒、雄大な自然を体感するプラン。小鹿田焼と薩摩焼、2つの異なる背景を持つ焼き物を通してその文化と歴史に触れ、霧島連山麓の吉都線に乗り入れ、自然豊かな宮崎県西諸エリアを訪ねる。最終日はユネスコエコパークの大分県豊後大野・豊後竹田エリアへ。懐かしくて新しい心ときめく旅を楽しもう。

1日目（火）
ウェルカムセレモニー（ラウンジ金星）→ 博多駅（福岡県）→ 日田駅（大分県）→ 豊後森駅（大分県）→ 由布院駅（大分県）→ 大分駅（大分県）→ 列車泊

工芸品製作（豊後森駅）／昼食（博多駅）／小鹿田／夕食（由布院駅）

2日目（水） 肥薩おれんじ鉄道区間
熊本駅（熊本県）→ 八代駅（熊本県）→ 水俣駅（熊本県）→ 阿久根駅（鹿児島県）→ 伊集院駅（鹿児島県）→ 隼人駅（鹿児島県）→ 旅館泊（霧島妙見温泉）

朝食（八代駅）／昼食（伊集院駅）／沈壽官窯／夕食

3日目（木）
旅館 → 嘉例川駅（鹿児島県）→ えびの駅（宮崎県）→ 高原駅（宮崎県）→ 都城駅（宮崎県）→ 南宮崎駅（宮崎県）→ 佐伯駅（大分県）→ 列車泊

朝食（旅館）／昼食（えびの駅）／西諸散策／夕食（南宮崎駅）

4日目（金）
幸崎駅（大分県）→ 豊後竹田駅（大分県）→ 阿蘇駅（熊本県）→ 熊本駅（熊本県）→ フェアウェルイベント → 博多駅（福岡県）

普光寺／工芸品製作／朝食（豊後竹田駅）／昼食（阿蘇駅）

ツアー料金（1人あたり）

客室タイプ	2人1室利用時	1人1室利用時
スイート	125万円	180万円
DXスイートB	160万円	250万円
DXスイートA	170万円	270万円

霧島連山の麓、えびの高原の火口湖「六観音御池」。西諸エリアの自然豊かな景勝地を散策するプランが用意されている。photo：宮崎県観光協会

1泊2日 九州周遊コース （2023年10月〜2024年3月）

〜移ろいゆく九州の自然を車窓から望み、優雅にななつ星を味わう旅〜

東シナ海沿いを走る肥薩おれんじ鉄道への乗り入れもある。

ななつ星の車内で過ごすことの豊かさを体感するプラン。ツアー客同士の交流を楽しむ車内アクティビティも用意されている。肥薩おれんじ鉄道に乗り入れ、東シナ海に沈む夕日を見ながら夕食を味わうこともできる。九州の西と東、それぞれの小さな海沿いの町での地域の人々との触れ合いが、心を癒すだろう。

ツアー料金（1人あたり）

客室タイプ	2人1室利用時	1人1室利用時
スイート	65万円	90万円
DXスイートB	80万円	140万円
DXスイートA	90万円	150万円

1日目（土） 肥薩おれんじ鉄道区間
ウェルカムセレモニー（ラウンジ金星）→ 博多駅（福岡県）→ 熊本駅（熊本県）→ 八代駅（熊本県）→ 折口駅（鹿児島県）→ 牛ノ浜駅（鹿児島県）→ 川内駅（鹿児島県）→ 鹿児島中央駅（鹿児島県）→ 列車泊

昼食（博多駅）／工芸品製作体験／脇本海岸散策／夕食（川内駅）

2日目（日）
宮崎駅（宮崎県）→ 延岡駅（宮崎県）→ 佐伯駅（大分県）→ 大分駅（大分県）→ 由布院駅（大分県）→ フェアウェルイベント → 博多駅（福岡県）

朝食（延岡駅）／佐伯散策／昼食（大分駅）

編成最後尾の大窓からの眺めは格別。PHOTO：中村浩枝

Information
ツアーに参加するには？

「ななつ星」専用ホームページに参加者募集の告知やツアーの詳細などの最新情報があるので、まずはここをチェック。募集は、出発日の半年以上前から。出発日や希望コースなどが決まったら、ホームページの「ツアー参加申込みフォーム」から応募しよう（郵送での受付も可）。大人気列車なので、抽選となるのは必至。運良く当選すれば、参加申込みの手続きの案内が届く。

このほか、旅行会社主催の「ななつ星」ツアーでは、宿泊・観光など列車乗車以外のプランも組み合わされている。詳細を確認して利用しよう。

ななつ星 in 九州
車輌・客室ガイド

木材を内装にふんだんに使った「ななつ星」は、和洋・新旧が融合し
これまでの鉄道車輌にはない洗練された車内空間が広がる。
2022（令和4）年の車両リニューアルで、さらにパワーアップした。
PHOTO:安藤昌季、坪内政美、皆越和也

機関車を含めた車体には、"古代漆色"と称されるロイヤルワインレッドの塗色があしらわれ、上質感と深みが特別車輌たる雰囲気を醸す。

ディーゼル機関車	1号車	2号車	3号車	4号車	5号車	6号車	7号車
	ラウンジカー「ブルームーン」	サロンカー「木星」	ギャラリーショップ・バー・スイート	スイート	スイート	スイート	DXスイート

1号車 ラウンジカー「ブルームーン」

1号車ラウンジカーは、アーチ状の格子天井や矢筈模様のフローリングなどを配し、落ち着いた「大人の時間」が過ごせるスペースになっている。

ラウンジカーの連結面寄りにはバーカウンターやピアノが設置されている。

3号車 ギャラリーショップ・バー・スイート

九州ゆかりの選りすぐりの優品が並ぶギャラリーショップ。2022（令和4）年のリニューアルで新設されたもので、九州の伝統工芸品、現代の匠の作品、九州独自の食の名産品などを取り揃える。土産に最適だ。

リニューアル時にはバーラウンジも新設。ななつ星の"隠れ家"的な空間で、大人の時間を堪能したい。

2号車 サロンカー「木星」

2022（令和4）年のリニューアルにより、それ以前は食堂車だった2号車は、ソファが向かい合わせに並ぶサロンに生まれ変わった。乗客同士が交流できるスペースであり、車内でのイベントスペースにもなる。セルフサービスで飲み物も準備されている。

茶室は、正座の必要のないイスのある立礼式で、茶室らしく畳敷きになっている。日本の伝統文化の香る空間で、クルーが点てたお茶のおもてなしも受けられる。

古代漆色が彩る7輌編成で
茶室やバー、サロンなどが充実

　「ななつ星」は、機関車を含めて8両編成。電化されていない路線でも走れるよう、専用のディーゼル機関車の牽引で運行される。

　数々の車輌デザインを手掛けた水戸岡鋭治氏にとっても集大成ともいえる出来で、車内は木材や九州の伝統工芸品で彩られ、地元の魅力を伝える。2022（令和4）年10月、2・3号車を中心に車輌リニューアルが実施され、乗車定員を従来の最大14室30人から10室20人に改めた。

　1号車はラウンジカー「ブルームーン」。昼は休息場、夜はバーがオープンする交流スペースで、車内での食事もここで提供される。車内に設置されたピアノの生演奏を楽しむこともできる。2号車はサロンカー「木星」。ソファを並べた交流サロンがあり、車内の一角には畳敷きの茶室も設置されている。隣接する3号車には、九州の工芸品を販売するギャラリーショップとバーも備える。

　客室はすべて2人用個室で、内装はすべて異なる。7号車に最上級の「DX（デラックス）スイート」が2室設けられている。3～6号車の「スイート」は全8室で、うち3号車の1室はバリアフリー対応。左右の車窓が楽しめるよう、奇数号車と偶数号車で客室・廊下が左右逆に配置されている。各個室にはシャワー・トイレが完備されている。

シャンデリアや格子天井などが備えられた1号車。大窓から流れる景色を楽しもう。PHOTO：川井 聡

3・4・5・6号車 スイート

「スイート」は全8室。壁や床、天井の内装に木材がふんだんに使用され、クラシカルな中に上質な雰囲気が漂う。3号車の1室（301号室）のみ、車イスでも利用できるバリアフリー客室となっている。

各客室の内装に使用されている木材の種類が異なるため、部屋の雰囲気はどれも異なる。ディナー後にベッドメイキングが入り、ソファからベッドに変わる。

洗面鉢は有田焼の人間国宝、十四代・酒井田柿右衛門が手掛けた。

シャワー室にはヒノキを使用。室内にその香りが充満し、心身が癒される。

7号車 DXスイート

702号室の「DXスイート」Bタイプ。広々とした空間に和を感じる家具や調度品が配置されている。居間にはカウチソファも置かれている。

701号室の「DXスイート」Aタイプ。編成の端に位置しており、展望用の大きな一枚窓を備える。先頭のときは迫力ある機関車を間近に眺め、最後尾のときは景色を独占できる。何とも贅沢な客室だ。

常軌を逸した情熱が
ななつ星に宿っている

一志治夫 さん

1956（昭和31）年長野県生まれ。「現代」記者などを経て、ノンフィクション作家となる。主な著書に『「ななつ星」物語；めぐり逢う旅と「豪華列車」誕生の秘話』（小学館）や『旅する江戸前鮨；「すし匠」中澤圭二の挑戦』（文藝春秋）など。

日本初のクルーズトレイン「ななつ星in九州」の誕生には、
全身全霊をかけて挑んだ人々の苦闘があった。開発段階から取材を重ねてきた
ノンフィクションライター・一志治夫氏に、当時のウラ話を聞いた。

TEXT:古橋龍一

唐池社長と水戸岡氏の"タッグ"で
数々の名列車が誕生

「JR九州の当時の社長・唐池恒二氏と、デザインを担当した水戸岡鋭治氏。この2人がいなかったら、『ななつ星in九州（以下、ななつ星）』は存在していなかった」と、一志治夫氏は断言する。二人の熱意は"狂気"とも言えるほどで、これにより多くの労力が注がれ、2013（平成25）年10月に日本初のクルーズトレインとして誕生したというのだ。

唐池氏が豪華寝台列車の構想を抱くよう

になったのは、その25年ほど前。「九州に豪華な寝台列車があるとヒットする」と知人に提案されたのがきっかけだった。1989（平成元）年に運行開始した観光特急「ゆふいんの森」などの誕生を手掛けていたとはいえ、当時は30代半ばの営業の一課長に過ぎず、その構想は2009（平成21）年の社長就任によって実現へと動き出すことになる。

一方の水戸岡氏も、20年ほど前から九州一周列車をぼんやりと思い浮かべていた。初めて総合的に鉄道デザインを手掛けたJR九州の787系特急「つばめ」（1992年運行開始）の

企画段階で、「九州一周の旅」「大鉄道時代」というタイトルを掲げ、鉄道を単なる移動手段でなく、移動すること自体を楽しめるように考えていたのだ。

二人の"タッグ"は、1990（平成2）年に運行を始めたJR九州オリジナルの高速船「ビートル」（博多〜釜山を運行）から始まる。唐池氏主導のもと、水戸岡氏が内・外装のデザインを手掛けた。唐池氏の社長就任後は、水戸岡デザインによる「いさぶろう・しんぺい」「はやとの風」「A列車で行こう」「指宿のたまて箱」などの観光列車が次々にデビュー。こ

朝焼けに染まる「ななつ星」。編成の両端には、足下から天井まで広がる大きな展望窓が設置されている。PHOTO：坪内政美

金メッキのフロントグリルは、職人の手仕事で磨き上げられた芸術品。クラシックカーのような雰囲気だ。PHOTO：川井 聡

車体側面に張られた金文字は、真鍮の切り文字。裏面の配線などを避けながらビスで固定したという。PHOTO：坪内政美

乗降扉にはめ込まれたステンドグラスは手作り。車内に柔らかな光をもたらす。PHOTO：川井 聡

れらは「D＆S列車（デザイン＆ストーリー）」と呼ばれ、列車の名前、コンセプト、ストーリーを唐池氏が決め、車輌デザインを水戸岡氏が一手に受け持った。

D＆S列車での成功が「ななつ星」の開発につながるとはいえ、「ななつ星」とは次元が違う。ベッドやキッチンを用意すればそれだけアイテム数が増えるし、ベッドメイキングや食事提供などの車内サービスも新たに必要となる。スピード面では世界に冠たる地位を築いた日本の鉄道技術も、快適な列車旅を目的としたクルーズトレインでは役立たなかった。

「今でこそ各社でクルーズトレインが運行されていますが、当時は前例のない事業です。スタート段階では、二人を含めて誰もが豪華で贅沢な旅を知らなかった。"たたき台"となるものがあれば、たとえそれを否定するにしても開発がスムーズに進んでいたのでしょうけれど……」。

車輌デザインは当初 モダンな"近未来型"だった!?

ななつ星の計画が持ち上がったのが、2010（平成22）年頃。海外における九州の知名度が低いことから、唐池氏のなかで「九州を売り込みたい」という思いが猛然と沸き上がり、長年温めてきた「九州一周豪華寝台列車」の構想を披露することになる。とはいえ、当時はリーマン・ショックの余波が残る中、ビジネスとして成り立つのか、社内では疑問の声も少なくなかった。

車輌デザインは当初、水戸岡氏から全面ガラス張りで丸みを帯びたモダンな"近未来型"が提出されていた。そのパース画（完成予想図）を見た唐池氏は、「贅沢さと豪華さがない」として違和感を表明する。通常、プロ

「ななつ星」を牽引する専用機関車。JR貨物が北海道地区に投入していたDF200形ディーゼル機関車に、水戸岡鋭治氏のデザインによる装飾を施したもの。列車名にちなんで「DF200形7000番代」という形式名を名乗る。
PHOTO：川井 聡

水戸岡鋭治氏が描いたラウンジカー「ブルームーン」のパース画。窓枠付きの展望窓が映し出す風景が、1枚の絵画のように流れる。車輌の総工費が約30億円であることにちなみ、車窓から眺める贅沢は"30億円の額縁"とも称される。
＊ILLUSTRATED BY EIJI MITOOKA+DON DESIGN ASSOCIATES

福岡県大川市の伝統工芸「組子細工」で彩られた通路。釘を使わずに、かんなで0.01mmレベルで厚さを調整しながら模様を作る。PHOTO：川井 聡

の絵に注文をつけるようなことはほとんどなく、それだけの覚悟を唐池氏は持っていたのだ。結局、近未来型の寝台列車は破棄され、「懐かしくて新しい豪華列車」というコンセプトに生まれ変わる。

運行開始の1年半前にあたる2012（平成24）年4月時点でも、「ドレスコードはどうするか」「価格はどうするか」といった基本的なテーマが侃々諤々と社内で議論されていた。

海外の豪華列車の視察は、「ななつ星」の世界観を固めるのに一役買った。たとえば同年8月、唐池氏らはタイを走る「イースタン＆オリエンタル・エクスプレス」に乗車。映画「戦場にかける橋」の舞台となったクウェー川鉄橋に立ち寄るなど観光も楽しんだが、それよりも車窓からの田舎街や田園風景の眺めが心を捉えた。その体験から、ななつ星では観光地を多く回る計画だったものを、大半をばっさりカット。車内での食事も絶対条件となり、車外でのディナーという計画が破棄された。

「いわゆる"サラリーマン社長"と対極にある」というのが、唐池氏の魅力だと一志氏は言う。「即断即決で行動に移す親分肌のリーダーです。運行開始の半年ほど前、車内で提供する夕食について、列車のコンセプトに合わないということで料理人を替えたこと

がありました。この時、唐池社長自らがその料理人のもとに出向き、直接断りを入れています。大企業の社長としては考えられないことです」。

現場はまさに戦場!?
デビュー直前まで作業は続いた

「水戸岡氏は岡山出身で、幼少時代は吉備津神社などを遊び場にしていました。この古社との触れ合いが、デザインに大きく影響を与えています」と、一志氏は強調する。備後一宮として崇敬を集める吉備津神社は、本殿から延びる廻廊の"列柱美"が特徴。年1回の秋祭りでは、その回廊を行列が練り歩く。そうした神社の光景が、水戸岡少年の目に強く焼きついたのだという。

木材の使用は、水戸岡デザインの代名詞。ただし鉄道車輌では不燃試験をパスする必要があり、木製の車輌をそのまま走らせることはできない。そこで木材をかんなでスライスして紙のような薄さにし、ゴムや手で押さえながらアルミ合金の押し出し材に貼る。これにより外観は木材に見えるが、強度や難燃性も確保できる。「ななつ星」ではこの手法により、大量に木材を使用している。

その木材だけでも、5輌の客室ですべてが異なる。床材だけでもナラ、サクラ、ウォー

ルナット、カリン、ペアウッド、ローズウッド、メープルを用いているが、客室とサニタリーでそれぞれ別素材を使い、その組み合わせは一つとして同じものはない。「普段は穏やかな好々爺ですが、仕事では一切妥協しない（一志氏）」という気高いスピリットは、結果として水戸岡氏自身を苦しめることになる。

車輌製造の現場は、まさに戦場だった。多大な作業負担から、病気で倒れて現場を去る者も出た。水戸岡氏自身も現場に張り付き、怒号を飛ばすことも少なくなかった。その結果、運行開始のおよそ1カ月前にあたる9月13日のプレス発表でも、最上級のデラックススイートの7号車は未完成。2週間前のメディア対象ツアーでも、配電盤はむき出しという状態で、「間に合わなかったら、腹をくくりましょう」と唐池氏に声をかけられた水戸岡氏は、感情を抑えきれず声をあげて泣いた。「ななつ星は"豪華列車"と称されますが、車内の至る所に沿線各地の伝統工芸品をちりばめ、九州や日本の文化に根差した"超上質な空間を追求した列車"と言ったほうがしっくりきます。ななつ星で提供している料理店というだけで、その店も誇りを抱きます。デビューから10年経ちましたが、こうした"ななつ星ブランド"が維持されているのが素晴らしいですね」。

これが水戸岡鋭治の仕事だ!

いまや全国各地を席巻する水戸岡デザインの列車は地域の魅力を発信する街おこしの役割も担っている。そんな"ななつ星の兄弟列車"の一部を紹介しよう。

JR九州
787系「リレーかもめ」ほか

九州新幹線開業以前は九州の特急車輌の花形として活躍

水戸岡鋭治が車輌のトータルデザインを担当した最初の車輌。博多～西鹿児島(現・鹿児島中央)間を結ぶ特急「つばめ」として、1992(平成4)年にデビューした。

グレーの精悍な顔立ちは、高級感と近未来感を漂わせる。内装に木材とガラスが多用され、柔らかな間接照明、フタがついたハットラック式の荷物棚などの従来の鉄道車輌になかったアイテムが次々に採用された。当初はビュッフェ(食堂車)を備えていたが、現在は廃止されている。

岡山電気軌道
9200形「MOMO」

近未来的な超低床車に木材の内装が融合

水戸岡鋭治の出身地である岡山市の路面電車で、2002(平成14)年にデビュー。2車体連接構造の、電停との段差がない超低床電車である。

近未来的な外観だが、車内の床や座席には木材が使用され、ぬくもりが感じられる。特に座席は、職人が天然木を削って手掛けたこだわりのもの。木材は、クルミとカシで車輌ごとに使い分けている。窓側には小型のテーブル(キャンディテーブル)、カーテンには竹を用いたロール式のすだれが設置されている。

富士山麓電気鉄道
1000系「富士登山電車」 ※2023年5月現在、運休中

霊峰富士のお膝元を走る"日本一豊か"な登山電車

「富士山を楽しむための日本一豊かな登山電車」をコンセプトにし、2009(平成21)年に運行開始。路線開業時に走っていた「モ1号」電車の"さび朱色"で彩られている。

1号車の「赤富士」と2号車「青富士」の2輌編成。内装や一部設備が異なるものの、ともに木材がふんだんに使用され、ソファや展望席などの多彩なシートがあり、ライブラリーコーナーなども設置されている。座席は自由席なので、車内を自由に移動しながら車窓に映る富士山の勇姿を堪能しよう。

和歌山電鐵
2270系「たま電車ミュージアム号」

大人気の猫駅長をテーマにした"猫づくし"の名物列車

三毛猫「たま」を駅長に任命し、全国的な人気を誇った和歌山電鐵。現在も2代目の「ニタマ」と3代目の「よんたま」の猫駅長が健在だ。

2021(令和3)年デビューの「たま電車ミュージアム号」は、歴代猫駅長の写真やイラスト、オブジェが車内外に777点もあしらわれている。猫の鳴き声がする木製のからくりや「ネコ脚」のテーブルなどもある。「コロナ禍で苦しむ地方鉄道を黒字にしたい」という思いから、車体色に漆黒が用いられた。

JR九州
九州新幹線800系「つばめ」

"日本の伝統美"が光る九州新幹線オリジナル車

水戸岡デザイン初の新幹線車輌で、2004(平成16)年の九州新幹線の開業とともにデビュー。丸みを帯びた先頭部の形状や、"タテ目"の前照灯などが特徴。

日本の「和」と「伝統」をコンセプトに、鹿児島産の桜材を用いたブラインドなどの伝統工芸が車内を彩る。洗面所の仕切りには熊本・八代産のイグサで編んだ「縄のれん」が設置され、地元の素材にもこだわった。2009(平成21)年に登場した「新800系」では、金箔を張った妻壁などを採用している。

JR九州
西九州新幹線N700S「かもめ」

「かもめ」の毛筆のロゴが車体のあちこちに

東海道・山陽新幹線用N700Sを西九州新幹線用にアレンジ。純白の車体とコントラストをなす形で、JR九州のコーポレートカラーである赤が足回りに配色された。あちこちに毛筆による「かもめ」のロゴが施されている。

内装は、クラシックとモダンを組み合わせた独特の空間を表現。指定席(1～3号車)と自由席(4～6号車)で内装は異なる。指定席では座席や肘掛けなどに木材が使用され、シートの柄のデザインが号車ごとに異なるなど、見どころが多い。

初めてのクルーズトレイン

ギモンにお答えします！

「乗車券は購入できる？」といったキホンから、「乗車するか迷っているけど……」という素朴な疑問まで。
クルーズトレインに乗車経験のある人たちを独自取材し、その証言を交えて解説しよう。
TEXT:古橋龍一　COOPERATION:木村英一、中村浩枝　photo（特記以外）:中村浩枝

Q1　食事や観光は不要なので乗車券だけ購入するには？

JRで運行している寝台特急では、乗車券と特急券、寝台券をみどりの窓口で購入すれば乗車できる。しかしクルーズトレインの場合、こうした列車と料金のシステムがまったく異なる。結論を述べれば、クルーズトレインでは「移動を目的にした利用」や「食事提供なしでの利用」などはできない。

「ななつ星」「四季島」「瑞風」とも、乗車券や特急券などの販売はなく、クルーズトレインを用いた旅行商品、いわゆる "パッケージツアー" を購入することで列車に乗車できる。3つの列車ともそれぞれ、申し込みや問合せなどを受け付けるツアーデスクが開設されており、「ななつ星」はJR九州、「四季島」はJR東日本びゅうツーリズ

ム＆セールス、「瑞風」は日本旅行が運営している。JR東日本びゅうツーリズム＆セールスはJR東日本、日本旅行はJR西日本のグループ会社だ。

パッケージツアーなので、豪華列車での快適な列車旅はもちろん、途中下車して観光スポットに立ち寄ったり、ツアーを盛り上げるスペシャルイベントが開催されたりと、多彩なプランが用意されている。また、必ずしも車中泊ばかりではなく、「ななつ星」と「四季島」の一部コースでは、その土地を代表する名旅館での宿泊も組み込まれている。

なおツアーの料金には、列車の乗車運賃、宿泊費、食事代、各施設での入場料などが含まれている。

「四季島」の3泊4日コースでは、車中泊だけでなく、北海道の登別、または支笏湖エリアの旅館での宿泊もある。

Q2　一度は乗ってみたいけれど高額なので迷っています……

「最高250万円！」のように報道され、高額なイメージが一人歩きし、庶民にとって "高嶺の花" に見られがちなクルーズトレイン。確かに富裕層の利用が多いが、それがすべてとも言えない。

たとえばクルーズトレインに設定されて

パンフレットを見ていると、クルーズトレインの旅に向けて気分が盛り上がる。photo：木村英一

いる1泊2日のコースのうち、「四季島」「瑞風」では最安で30万円台となっており、決して手が出せない金額ではない。一生に一度のメモリアルとして贅沢な旅をしたいという人や、新婚旅行での利用も少なくない。また、ツアー中にクルーたちが見守る中でプロポーズし、実際に結婚したカップルもいたという。

それでも高額ゆえに躊躇してしまうなら、「金額のことを考えず、まずは応募してみる」ことを勧めたい。高倍率なので当選できないケースも多いが、運良く当選できたら、乗車を目標にして旅行資金を捻出するために頑張れたという声もある。

Q3

ツアー中に遅延が発生したらきちんと対応してくれる？

ツアーが事前に中止になると全額払い戻しになる。では、遅延が発生した場合通常の特急列車では2時間以上の遅延で払い戻しとなるが、クルーズトレインではこのルールは適用されない。

2017（平成29）年7月、JR磐越西線喜多方駅（福島県喜多方市）で「四季島」が立ち往生するトラブルが発生した。原因は、電気系統の故障によるものだった。この時は乗客を観光バスに乗せ、喜多方市や会津若松市を観光するツアーを急きょ実施し、柔軟に対応している。『「ななつ星」「四季島」「瑞風」ぜんぶ乗ってきた！』（中嶋茂夫著　河出書房新社）に、当日の様子が記録されている。

Q4 車内ではどんな服装で過ごせばよい?

女性たちにとって気になるのが、ツアー中の服装。クルーズトレインでは、それぞれドレスコード（着装ルール）が定められており、具体的にどんな服装を用意したらよいのか戸惑う人も少なくないようだ。

「ななつ星」では、観光や食事などシーンに合わせてドレスコードを比較的しっかり定めており、ツアー中に何度か着替えを行うことになる。たとえば車内でのディナー時は、結婚式や記念式典などと同様の「フォーマル」となっており、男性だとネクタイの着用が望ましい。一方、「四季島」では、個室の収納スペースが必ずしも十分ではないため、

ドレスコードを厳格に定めていないという。シーンに合わせてドレスコードを定めると、荷物がそれだけ増えるからだ。

男性ならジャケット、女性なら上質なストールを巻けば、ある程度なら"ごまかし"は利く。とはいえ、Tシャツや短パン、下駄やサンダルなどは、個室を除いてNG。せっかくの豪華列車なので、精一杯のおめかしで臨みたい。

状況に合わせてコーディネートを考えるのも、大人のたしなみ。洋装に限らず和装にしてもよいだろう。

Q5

移動中は揺れるので
夜に眠れないのでは?

走行中の車内で眠れるかどうかは、一概に断言できない。国鉄時代に製造された「ブルートレイン」を知る者ならば、走行中の揺れは少なく、ベッドも柔らかいので、快適に感じるだろう。実際、「何の問題もなく眠れる」という意見が多いが、「あまり眠れなかった」という声もちらほら聞こえる。

クルーズトレインの車輌には、走行中の揺れを抑える先進技術が搭載されている。とはいえ風光明媚なローカル線では、運行本数が多い首都圏などの路線よりも線路状態が悪いことが多く、揺れを抑えるのにも限界がある。

各社ではこれまでの乗客の意見を受け、夜間停車の時間をある程度設けるといった配慮も見せている。

ベッドは幅が広く、ホテルのものにも劣らない。

Q6

アレルギーがある場合でも
食事を楽しむことができる?

沿線の素材を生かした一流シェフによる創作料理は、クルーズトレインの魅力の一つ。料理を堪能するため、申し込みの手続きを行う際、食べ物のアレルギーや食事制限などがあるのか、書類であらかじめ提出する。

この時、食べ物でどうしても苦手なものがあれば、その旨記載しよう。個別対応で好みの食材に変更してくれる場合があるからだ。「乗れるだけでラッキー」と思って、遠慮してはいけない。ある参加者は、「牛肉が苦手」と事前に伝えたところ、鶏肉に変更してくれたという。

乗車中は一部のドリンクを除き、フリードリンク制だ。クルーはホテルのバトラー（執事）のように、乗客のリクエストに応じてドリンクを客室まで運んでくれる。

地元の素材を生かした料理は、沿線の魅力そのもの。

Q7

人見知りでも
ほかの乗客と仲良くなれる?

車内での同乗者との交流は、クルーズトレインの醍醐味。旅好き同士、共通の話題も多いだろう。ツアー中にはイベントも多く、打ち解けるきっかけになる。

クルーズトレイン愛好者の中には、自作の名刺を用意している人もいるという。1泊2日のコースでは乗客同士の交流する時間が少ないため、名刺があれば手短に自己紹介ができ、連絡先の交換にも便利だという。旅が終わってからもSNSなどを通じて交流を続け、人生の財産になったという声もある。

「ななつ星」では、過去の乗客だけを対象にした「ななつ星in九州同窓会」が開催された。ツアー参加者やクルーが再び一堂に会し、思い出話で盛り上がったという。

ツアー中は楽しいイベントが用意されている。

TRAIN SUITE

トランスイート

四季島
しきしま

乗車ガイド

JR東日本のクルーズトレイン「トランスイート四季島」。列車名は、日本を指す古名「敷島」から着想を得て命名され、列車ならではの豊かな時間と空間の移ろいのなかで、美しい日本の四季と伝統を感じる旅を提供すると謳っている。

"全室スイートルーム以上"を謳い
東日本を縦横無尽に走る

「深遊 探訪」を旅のコンセプトに
東日本や北海道をめぐる

　JR東日本の"顔"となるフラッグシップトレインに位置づけられる「トランスイート四季島」は、日本ではJR九州の「ななつ星 in 九州」に続くクルーズトレイン。観光立国の推進の一翼を担うものとして計画され、2017（平成29）年5月に運行が始まった。
　四季島の旅のコンセプトは、「深遊 探訪」

という言葉で表現されている。深く遊んで探し訪ねる旅――つまり、四季の移ろいを感じつつ、これまでになかった体験や発見を通じて、「まだ知らなかったことがあった」という幸福を実感してほしいというメッセージが込められている。
　運行ルートは、関東・東北のJR東日本エリアを中心に、コースによっては津軽海峡を越えて北海道まで足を延ばす。車輌のデザインは、高級スポーツカーのポルシェやフェラー

リのデザインなどを務めた奥山清行氏が率いる「KEN OKUYAMA DESIGN」が担当した。
　10輌編成で運行し、ガラス張りの展望車やダイニングカー（食堂車）とラウンジカーを連結。客室は全17室のすべてが2人用個室で、高級ホテルに劣らないインテリアを装備している。最上級の客室「四季島スイート」には掘りごたつや檜の浴槽があり、デビュー時に話題をさらった。

JR函館本線の大沼〜仁山間で、大沼国定
公園の大自然を見ながら走る。小沼の向こ
うに、秀峰・駒ヶ岳がそびえる。
PHOTO：伊藤岳志

PLAN

トランスイート
四季島
ルート＆プラン

上野駅の13番線ホームには、ツアー客専用のラウンジ「プロローグ四季島」がある。ドリンクなどを味わいながら、乗車前のひとときを過ごす。
photo：JR東日本

Information

ツアーに参加するには？

まずはトランスイート四季島ツアーデスク、または専用ホームページからパンフレットを請求し、旅行の詳細を確認しよう。パンフレットは専用ホームページにも公開されている。

参加申し込みは、インターネット、またはパンフレット同封の申し込み用紙の郵送にて。2023年10〜11月出発分では、応募期間は2月3日〜3月31日だった。定員を超えれば抽選となる。ツアーデスク販売分のほかに、一部日程で旅行会社からも販売される。

当選すれば、参加申込みの手続きの案内が届く。申込み書類の送付とツアー料金の納入を済ませれば、ツアー参加が正式に決まる。以後は、ツアーデスクと旅行の打ち合わせが行われ、疑問点・不安点などがあればその際に解消できる。出発日の約2週間前に最終日程表が送付されるので、集合時間や場所、日程などを確認しよう。

トランスイート四季島

トランスイート四季島 ツアーデスク
TEL　0570-00-7216(ナビダイヤル)
営業時間　10:00〜17:30
(水曜日、土曜日、年末年始は休み)
https://www.jreast.co.jp/shiki-shima

最新情報は
専用ホーム
ページで

季節ごとに多彩なコースで運行
「3泊4日コース」では北海道を目指す

「四季島」は、四季折々の東日本・北海道エリアの旅の魅力を追求し、各地の魅力を掘り起こすことで"地域をつなぐ懸け橋"を目指すとしている。季節ごとに様々なコースが設定されているが、春から秋にかけての「3泊4日コース」と「1泊2日コース」、冬の「2泊3日コース」と「1泊2日コース」がメイン。このほか、その時々の季節の旬を楽しむ「東日本の旬」コースでの運行もたびたび実施される。

すべてのコースが、東京の"北の玄関口"である上野駅を発着する周遊ルートとなる。上野駅にあるツアー客専用のラウンジ「プロローグ四季島」で、出発・到着時にイベントが開催され、旅を盛り上げる。また、車輌が発着するホームもツアー客専用となっている。13番線と14番線の間、かつて荷物輸送で使用されたスペースを整備し、「新たな旅立ちの13.5番線ホーム」と命名したもので、プレミアムな演出がうれしい。

2023(令和5)年春〜秋の「3泊4日コース」では、函館、白老、鳴子温泉などのスポットに立ち寄る。函館では貸し切りの函館市電で市内をめぐり、白老ではアイヌ民族の歴史・文化を発信する施設「ウポポイ(民族共生象徴空間)」を見学し、鳴子温泉では温泉街を散策する。3日目は三内丸山遺跡を見学する「縄文コース」と、ねぷたうちわ作りを体験する「黒石コース」に分かれて青森県内を観光する。車中泊だけでなく、北海道の旅館での宿泊もある。

春〜秋の「1泊2日コース」は、上野駅を起終点として新潟県、山梨県または長野県をめぐる。時期により2パターン(山梨コース・長野コース)の運行があり、初日の行程は共通しているが、2日目が異なる。山梨コースでは勝沼のワイナリー、長野コースでは千曲川ワインバレーのワイナリーを訪ねる。

ツアー客同士が交流する5号車のラウンジカー「LOUNGE こもれび」には電子ピアノが設置され、夜は演奏会が催される。ドリンクを片手に演奏を堪能する楽しい時間を過ごせる。
photo：中村浩枝

「記憶に残る料理」をテーマに、3代目総料理長・池内シェフによる沿線の旬の食材を使ったフランス料理のコースが味わえる。このほか、行く先々の名店のシェフや料理人が乗り込んで腕を振るうこともある。
photo：JR東日本

1泊2日コース（山梨）
春〜秋（2023年4・5・10・11月出発分）

1泊2日コース（長野）
春〜秋（2023年6〜9月出発分）

姨捨駅（長野県千曲市）付近では、千曲川が流れる善光寺平（長野盆地）や棚田の眺望が広がる。「日本三大車窓」の一つに数えられる絶景だ。

みなとまちが育んだ豪商の粋と、
豊かな里山の恵みを味わう旅。

上野駅を起終点とし、甲信越エリアをめぐる。時期により、山梨コースと長野コースの二つのコースが設定されている。北前船の寄港地として栄えた新潟ではその歴史を伝えるスポットを訪れ、風光明媚な日本ワインの産地での散策やグルメを堪能する。

1泊2日コース

1日目
上野駅（東京都） — 昼食 — 新津駅（新潟県） — 下車観光 旧齋藤家別邸（4〜9月）燕喜館（10〜11月） — 夕食 — 車中泊

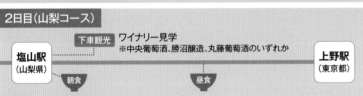

2日目（山梨コース）
塩山駅（山梨県） — 朝食 — 下車観光 ワイナリー見学 ※中央葡萄酒、勝沼醸造、丸藤葡萄酒のいずれか — 昼食 — 上野駅（東京都）

2日目（長野コース）
姨捨駅（長野県）車内・ホームからの朝景鑑賞 — 篠ノ井駅（長野県） — 朝食 — 下車観光 千曲川ワインバレー — 下諏訪駅（長野県） — 昼食 — 上野駅（東京都）

（地図：新津、篠ノ井、姨捨、下諏訪、塩山、上野）

ツアー料金（1人あたり）　※2023年4〜11月出発分

客室タイプ	2人1室利用時	1人1室利用時
四季島スイート（メゾネットタイプ）	50万円	75万円
デラックススイート（フラットタイプ）	45万円	67万5000円
スイート	37万円	55万5000円

photo：JR東日本

新潟観光

4〜9月出発分は、北前船で財を成した齋藤家の別荘「旧齋藤家別邸」を案内付きで見学。10・11月出発分は、齋藤家の本邸の一部を移築・再建した「燕喜館」で、芸妓による芸を楽しむ。
©新潟観光コンベンション協会

ワイナリー見学

「山梨コース」では勝沼のワイナリー、「長野コース」では千曲川ワインバレーのワイナリーを訪れ、ワイン作りの真髄に触れるプログラムを楽しむ。

3泊4日コース
春～秋 (2023年4～11月出発分)

大自然の織りなす風景と、
受け継がれてきた悠久の文化にふれる旅。

北海道まで足を延ばし、東日本をぐるりと1周する最長プラン。上野駅から上越線・羽越本線など日本海側ルートで北上し、青函トンネルを越えて北海道の函館・道南エリアをめぐる。折り返して本州に戻ると、青森や鳴子温泉などで歴史・文化に触れる観光プランを堪能。帰路では主に東北本線を走り、上野を目指す。

青函トンネルを越えてはるばる北海道に上陸するプラン。北の大地の雄大な自然が織りなす絶景車窓は、乗客たちを魅了するだろう。

3泊4日コース

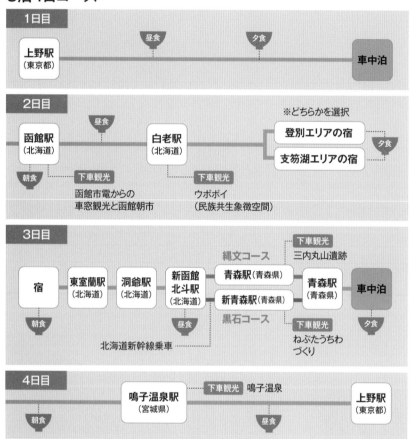

1日目
上野駅（東京都） ─ 昼食 ─ 夕食 ─ 車中泊

2日目
函館駅（北海道）／朝食 ─ 下車観光 函館市電からの車窓観光と函館朝市 ─ 白老駅（北海道）／下車観光 ウポポイ（民族共生象徴空間） ─ ※どちらかを選択 登別エリアの宿／支笏湖エリアの宿 ─ 夕食

3日目
宿／朝食 ─ 東室蘭駅（北海道）─ 洞爺駅（北海道）─ 新函館北斗駅（北海道）／昼食 北海道新幹線乗車 ─ 縄文コース 青森駅（青森県）／下車観光 三内丸山遺跡／黒石コース 新青森駅（青森県）／下車観光 ねぶたうちわづくり ─ 青森駅（青森県）─ 車中泊／夕食

4日目
鳴子温泉駅（宮城県）／朝食 ─ 下車観光 鳴子温泉 ─ 上野駅（東京都）／昼食

1日目の昼食は、東京・銀座の日本料理店「六雁」がプロデュース。選りすぐりの食材を用い、繊細かつ大胆に表現された美しい一皿をご堪能あれ。
photo：JR東日本

函館観光
幕末に国際貿易港として開港した函館。地元の海の幸に舌鼓を打ち、路面電車「函館市電」の貸切運行で市内をめぐる。函館朝市散策も楽しい。

白老観光
アイヌ民族の歴史・文化を発信する施設「ウポポイ（民族共生象徴空間）」で、アイヌ古式舞踊やムックリ（口琴）の楽器演奏といった伝統芸能を見学できる。
photo：JR東日本

鳴子温泉観光

「奥州三名湯」の一つに数えられる鳴子温泉の温泉街を散策。地元の伝統工芸品「こけし」をモチーフにした愛らしいオブジェが街中に点在している。
PHOTO：宮城県観光プロモーション推進室

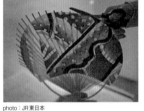

青森観光

「縄文コース」と「黒石コース」のいずれかを選択。前者は、縄文時代の人々のくらしを伝える三内丸山遺跡で、ツアー客だけの特別プログラムを楽しむ。後者は、江戸時代からの伝統建築が残る黒石を訪れ、ねぷたうちわづくりを体験する。
photo：JR東日本

最終日の昼食では、世界三大漁場の一つに数えられる三陸・金華山沖に面した石巻の「寿司正」がプロデュース。選りすぐりのネタを揃え、車内で握りたての寿司を提供する。
photo：JR東日本

ツアー料金（1人あたり）　※2023年4〜11月出発分

客室タイプ	2人1室利用時	1人1室利用時
四季島スイート（メゾネットタイプ）	100万円	150万円
デラックススイート（フラットタイプ）	95万円	142万5000円
スイート	80万円	120万円

車内の上質空間で、沿線各地の車窓を存分に味わおう。 photo：JR東日本

北海道を含む東日本エリアを、総距離2000キロ以上の長大ルートで運行。帰路は東北本線を経由し、福島エリアでは吾妻連峰を見ながら走る。

駅からはツアー客専用のバスが用意され、観光地や宿まで案内する。
PHOTO：中村浩枝

トランスイート四季島
車輌・客室ガイド

「トランスイート四季島」の車内は、モダンで洗練された雰囲気を漂わせる。客室は全室スイートを謳うが、中でも最高級の部屋は二層構造になっており、掘りごたつや檜風呂まで備わる高級旅館のような設えになっている。

PHOTO：伊藤岳志、中村浩枝　JR東日本

シャンパンゴールドを基本とする「四季島ゴールド」の車体色が美しく映える。

10号車	9号車	8号車	7号車	6号車
VIEW TERRACE いぶき	スイート	スイート	四季島スイート・デラックススイート	DINING しきしま

1・10号車　VIEW TERRACE きざし・いぶき

先頭車と最後尾車は展望車。大型のソファや掛け心地のよい椅子が、左右の窓に向かって配置されている。PHOTO：中村浩枝

前面の見晴らしも良好。運転台越しに前面展望が楽しめる。
PHOTO：JR東日本

展望車の連結面寄り。展望席は通路より一段高い"ハイデッカー構造"なので、見晴らしがよい。

5号車　LOUNGE こもれび

ラウンジカーの車端寄りにはバーカウンターが設けられ、その場でカクテルなども提供される。

曲線を多用し穏やかな樹木を思わせる壁が印象的なラウンジ。車内の調度品には東日本各地で息づく工芸品を取り入れている。

出入口は5号車に1カ所のみ設けられ、ロビーから各部屋へ導くホテルにいるような演出がなされている。

6号車　DINING しきしま

料理が提供されるダイニングカーには、計9台のテーブルを配置。一部の座席は窓側に向いており、景色を楽しみながら食事を味わうことができる。

3タイプの2人用個室を備えた
10両編成の極上空間

10両編成で、上野寄りが1号車、青森寄りが10号車。車内は、和のテイストとモダンな雰囲気が融合し、独特の上質な空間を作りあげる。

編成両端の1・10号車は、屋根まで延びる大窓を用いた展望車だ。床をかさ上げした"ハイデッカー構造"を採用し、網目状の窓からは木漏れ日のように自然光が降り注ぐ。

5号車は、「LOUNGE こもれび」と命名されたラウンジカーである。ツアー中は乗客たちの交流スペースとなり、車内にはピアノやバーカウンターが設置されている。

6号車は、「DINING しきしま」と命名されたダイニングカー（食堂車）で、オープンキッチンやワインセラーなどを備える。有機ELパネルを用いたシャンデリア風の照明が目を引き、三つ星レストランのような雰囲気を漂わせる。

客室はすべて2人用個室で、全17室。うち、7号車に最もグレードの高い「四季島スイート」と「デラックススイート」が各1室ある。メゾネットタイプ（二層構造）の「四季島スイート」は、1階はベッドルーム、2階は掘りごたつ風のテーブルがある居間になっている。一方、フラット型の「デラックススイート」は天井が高く、開放的な空間となっている。両部屋とも木曽檜を使った浴槽を備え、風呂につかりながら車窓が楽しめる。

2・3・4・8・9号車には、2人用個室の「スイート」が各3室。各部屋にはシャワー室やトイレが完備されている。4号車のバリアフリー対応の客室は、車いすで客室内にそのまま入れるよう設計されている。

5号車	4号車	3号車	2号車	1号車
LOUNGE こもれび	スイート	スイート	スイート	VIEW TERRACE きざし

7号車 デラックススイート

フラット構造の「デラックススイート」は、2階分の個室スペースに1階のみの部屋を設けた。室内の天井が高く、開放的だ。水蒸気により炎を演出するタイプの煖炉風オブジェも設けられている。

7号車 四季島スイート

「四季島スイート」は、2層からなるメゾネット構造。階下部は2つのベッドが並ぶ寝室、階上部は畳敷きの掘りごたつを設けたリビングになっている。檜製の浴槽は、デラックススイートにも設置されている。列車の中とは思えない豪華な浴室だ。

2・3・4・8・9号車 スイート

バリアフリー対応の「スイート」は、4号車に設置。出入り口のスペースを広く取り、車いすでも通れるようにした。

ソファベッドが設置されており、夕食の間にクルーがベッドメイキングを済ませてくれる。クローゼットの下部には、大型スーツケースの収納スペースもある。

お楽しみいただけるように 旅のはじまりの お手伝いをします

「トランスイート四季島」にはさまざまな魅力があるが、
心ときめく極上のサービスを支えるクルーや裏方の仕事も見逃せない。
2017（平成29）年の運行初年度からトレインマネージャーとして活躍した
小沢道子さんは、現在はツアーデスクに籍を置き、裏方として「四季島」を見守る。
小沢さんの過去・現在の仕事を通じ、「四季島」の旅の魅力についてお伝えしよう。

PHOTO & TEXT：伊藤岳志

「TRAIN SUITE 四季島」ツアーデスク 課長

小沢道子 さん

2015（平成27）年、JR東日本グループのびゅうトラベルサービス（現・JR東日本びゅうツーリズム＆セールス）に入社。2017（平成29）年5月より「トランスイート四季島」のトレインマネージャーとして現場の最前線に立ち、22（令和4）年からはツアーデスクグループの課長を務める。

航空業界から鉄道の世界へ転身し ゼロから列車乗務を学ぶ

現在はトランスイート四季島（以下、「四季島」）のツアーデスクで勤務する小沢さん。それ以前は、トレインマネージャーとして「四季島」に乗務し、現場の最前線で活躍していた。その仕事は"接客を極めたもの"といっても過言ではなかった。

そもそも「四季島」に乗務する前は、日本航空で20年もの間キャビンアテンダント（客室乗務員）として活躍し、接客技術を磨いてきた。その実績を買われ、「四季島」の運行開始当初からトレインマネージャーの待遇が与えられた。

「日本航空時代から1対1の接客を心がけていましたが、航空機は最大500名ものお客さまに目配りをしないといけません。それに対して『四季島』は、34名という限られた人数のお客さまと数日間に渡ってご一緒します。よりきめ細やかなサービスができると思い、クルーに応募しました」と、転職の理由を語る。

こうして2015（平成27）年にJR東日本びゅうトラベルサービス（現・JR東日本びゅうツーリズム＆セールス）に入社した小沢さんだが、鉄道の乗務は全く未知の世界。まずは同期採用の11人とともに、研修と様々な実践トレーニングを積んだ。

「最初は1カ月半の座学で、『四季島』について理解することから始まります。車内で提供される食事やお酒についての講習など、クルーとしての基本的な知識や技術を学びました。その後は東京ステーションホテルでの実践研修に入ります。ロビーラウンジ、朝食会場、フランス料理レストラン、バーカウンターと、1カ月ごとにローテーションしながら研修を重ねました。ベッドメイキングも、この時にみっちりと練習したものです」。

その後2016（平成28）年から、寝台特急「カシオペア」用のE26系客車を使用したツアー専用列車「カシオペアクルーズ」で、実際の鉄道車両での乗務訓練が始まる。この時、小沢さんは航空機との大きな違いに直面したという。

「揺れについては航空機での経験があったので慣れていたつもりでしたが、列車の揺れは独特で、バランスを取るのに苦労したものです。通路が狭いダイニングカーでは、テーブルや調度品にぶつからないよう神経を使わなければならず、慣れを必要としました。特にワインを注ぐときに難しさを感じましたね」。

心に寄り添った接客をモットーに トレインマネージャーとして活躍

2017（平成29）年5月、約2年間の研修を終えた小沢さんを乗せて「四季島」は走り始め

た。列車には通常、トレインマネージャーの小沢さんを含めた約10人のサービスクルーが乗り込み、全員で接客にあたる。バーカウンターでの飲料提供や、ベッドメイキングに清掃、沿線ガイドや立ち寄り観光での添乗と、クルーの仕事内容は多岐に渡る。小沢さんは、そのクルーの業務を統括するトレインマネージャーを務めていた。

「通常業務に従事しつつも、作業ダイヤ通りに進行しているか、不備はないのか、クルーがきちんと休憩を確保しているのかまで、サービス体制やクルーのすべての動きを確認するのが、トレインマネージャーの役目です。車掌とコミュニケーションを取りながら、列車の運行状況、下車駅でのホームの段差の有無、目的地の天候、駅でのお出迎えの状況など、サービスにつながるさまざまな情報を把握しながら動いていました。その合間には、お客さまとコミュニケーションをとって繋がりを築きつつ、私自身も大いに楽しむように心掛けました」。

乗車中のサービスで小沢さんが重視していたのは、「お客さまの心に寄り添い、居心地の良い空間を提供すること」だったという。

「結婚記念日や誕生祝い、定年退職など、お客さまにはそれぞれ乗車の"きっかけ"があるものです。そのため、乗車目的をきちんと把握したうえで、お客さまと喜びを共有し、特別な日をお祝いする気持ちを大切にしまし

た。時には、親しい人を亡くして一周忌の区切りに乗車されるお客さまを迎えたこともあります。そのような場合、二人分の飲み物を用意し、クルー全員がお客さまの心に寄り添うことを心掛けました」。

こうしたサービスが好評を博し、多くのリピーターを獲得することに繋がったという。

「『カシオペアクルーズ』での実践訓練中に顔見知りになったお客さまが、さっそく『四季島』に応募してくださり、車内で再会した時は嬉しかったですね。『また乗車するからね』という声も数多くいただきました。親しくなったお客さまとは、旅が終わった後も手紙のやり取りをすることがありました。そうした交流を重ねると、次の乗車に向けたリクエストをいただくこともあります」。

「四季島」を支えるのは、クルーなどの内部の人間だけではないことも感じることが多い。

「2017年の運行初便に乗車された御婦人が、すっかり"四季島ファン"になってくださり、その後も度々上野駅に来訪して発車を見送ってくれました。現在はその見送りメンバーが着々と増え、"「四季島」同窓会"的な雰囲気もあるようです。「四季島」は、一度乗車していただくとお客様との間に深い絆が生まれます。その絆を一度で終わらせるのではなく、継続させていくことが大切であることを、乗務しながら学びました」。

ツアーデスク移籍後も「四季島」への熱い想いは変わらず

小沢さんは2022(令和4)年7月、約5年間慣れ親しんだ「四季島」のトレインマネージャーから、ツアーデスクに移籍した。ツアーデスクグループ課長という役職に就き、主にスタッフの仕事のチェック業務を行っている。「いつまでも私が上にいると、後進が育たないので」と笑いつつ、そこにはトレインクルー全体の将来を見据えた選択があったことが窺い知れる。

「現在は、有能なトレインクルーがたくさん育っています。将来はクルー以外の部署でも活躍してほしい……そんな気持ちもあって、その第一号となるべく私自身が動きました」と、移籍の経緯を語る。

そもそもツアーデスクは、「四季島」の旅に参加するお客が最初にコンタクトをとる総合案内所のような部署である。

「ツアーの問い合わせの対応から始まり、パンフレットの送付、抽選の受付、当選後の手続き、出発までのフォロー、そして旅立ちのお見送りというのが一連の業務になります。オペレーターがお客さまの質問に上手に答えられない状況などで、私自身が対応することがあります。実際に乗務しないと説明できないことも多く、このあたりは過去の仕事が生きていますね」。

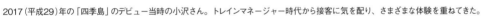

2017(平成29)年の「四季島」のデビュー当時の小沢さん。トレインマネージャー時代から接客に気を配り、さまざまな体験を重ねてきた。

安らぎを感じながらくつろげるよう、お客さまをサポートするのがトレインクルーの役割。家族のような温かみのあるサービスを提供してくれるだろう。PHOTO：JR東日本

お客さまとの絆を大切にするトレインマネージャーから、お客さまと「四季島」を結びつけるツアーデスクへと転身した小沢さん。現在の仕事については「『四季島』の旅の入り口をご案内できることがやりがい」だと語る。

「抽選に当選したお客さまには、お伺い書を送付します。食事のアレルギーの有無や、健康・体調面などでの不安点、質問やリクエストを記入するものです。この書類が戻ってきた後、お客さまとのコミュニケーションが始まります。担当オペレーターは最低でも4回の電話、またはメールでやり取りし、そのお客さまに合った食事や旅の形を提案し、コミュニケーションを深めていきます。そうした情報は、列車だけでなく観光先や宿泊先でも共有され、すべての行程でお客さまが快適な時間を過ごせるように努めています」。

ツアーデスクとして裏方に回っても、お客さまとの交流は今でも大切にしているという。「ありがたいことに、私のことを覚えてくれているリピーターのお客さまと再会することがあります。そんな時は、かつての乗車を振り返りつつ、昔話で盛り上がります」。

ある時には、いつも列車をお見送りしてくれる沿線の住人から手紙が届いた。手紙には「いつも手を振るとミュージックホーンを鳴らしてくれるのに、ある日には鳴らしてくれず残念だった」という一文があった。

気になって小沢さんはその日の状況を確認すると、ホーンが故障していて鳴らせなかったことが発覚。車掌にその事情を伝えると、しばらくして再び手紙が届き、「先日は先頭車両だけでなく、通過後の最後部車両もミュージックホーンを鳴らしてくれてすごく嬉しかった」という喜びの声が綴られていた。

「私からも乗務員に『ホーンを必ず鳴らしてね』とお願いしていたのですが、そこまで感謝していただけるとは思っていませんでした。このような手紙をいただくと、『四季島』と沿線の人々との繋がりを改めて感じることができて、うれしいですね」。

乗務していた頃よりも、現在の仕事で「四季島」を客観的に広く見渡すことができるようになっ

たという小沢さん。勤務内容は変わっても、仕事へのスタンスには変わりはない。「四季島」への愛情を持ち続け、今なお快適な旅をプロデュースすることに全力を注いでいる。

乗車しなければ体験できない魅力が「四季島」には詰まっています。新たな発見と感動に出合う旅をサポートします！

トランスイート
四季島を応援
し続けています

「四季島」が停車する上野駅や沿線各地を
休日のたびに"追っかけ"をしながら、
列車の出迎えをする"四季島ファン"がいる。
その一人に「四季島」の魅力について聞いた。

PHOTO：木村英一　TEXT：古橋龍一

2022（令和4）年5月、鉄道博物館で「『トランスイート四季島』運行5周年記念展」が開催。
撮影会などのイベントが行われ、木村さんも大いに楽しんだ。

"感動体験"を味わってほしくて
見送り・出迎えを続ける

「水戸岡デザインの車輌が好きで、『ななつ星in九州』の運行開始の一番列車に応募したこともあったのですが……この時は残念ながら外れでした」と、クルーズトレインとの最初の接点を語る木村英一さん。木村さんは都内在住の会社員で、根っからの鉄道ファン。ななつ星の抽選に外れたがそれでもめげず、車輌だけでも一目見ようと、一番列車の運行に合わせて"追っかけ"を敢行した。これが、クルーズトレインの最初の"追っかけ"体験だ。

2017（平成29）年、今度は「四季島」の一番列車に応募。すでに話題となっていた列車ということで、当初から平均抽選倍率は6倍を超えた。

「青函トンネルを走る旅客列車は、新幹線を除けば『四季島』しかありません。当初は、ただそれくらいの興味しかなく、一番列車な

ら記念になるので乗ってみるのもいいかなと…… そんな軽い気持ちで、まったく期待せずに応募したのですが、まさかの当選です。とはいえツアー料金は高額なので、当選してからしばらく悩み続けました」と振り返る。それでも、こんなチャンスは二度と訪れないと思い、乗車を決意。「今となっては、ほかの参加者やクルーとの交流が楽しくて、良い思い出になっています」。

ツアー参加からしばらく経ったある日、時間がぽっかり空いたので、「四季島」の到着を出迎えるために上野駅に向かった。「そうしたら、私と同じように『四季島』に乗車したことがある人とたまたま出会い、さらにクルーの方とおしゃべりする機会もありました。その時に乗車時の楽しさが甦ったのです」。

これがきっかけで、「四季島」の出迎え・見送りのためにたびたび上野駅に向かった。これを繰り返すと、「四季島」への愛着は深まるばかりとなり、休日は「四季島」の"追っかけ"を実施。「立ち寄り観光スポットで参加

「四季島」の旅が終わり、ツアー参加者やクルーたちが上野駅ホームでそれぞれ最後の歓談を楽しむ。出迎えをしていると、こうした光景が印象に残るのだという。

者たちが下車する駅に先回りし、手を振りながら『四季島』を出迎えたこともありました。私が乗車したときの感動を味わってほしくて、恩返しのつもりなのです」。

これまで上野駅で何度も「四季島」の出迎えを見つめてきた木村さんだからこそ、気付くことがあるという。「上野駅での旅の最後に、参加者たちがみんなで集合写真を撮って盛り上がるシーンを垣間見たりすると、充実した旅だったことがうかがえます。旅行中に、クルーやほかの同乗者との交流を楽しむことができれば、乗車の体験は最高のものになるでしょう」。

各地で出迎えを繰り返すと、「四季島」に乗車したことがある人たちとの出会いも増え、交友関係が広がりを見せる。いわば"四季島ファンクラブ"だ。2022（令和4）年2月、木村さんは「四季島」が縁で出会った人たちとともに「四季島」に乗車した。「上野駅でも顔見知りのみなさんが見送りに来てくれました。この時は『冬の1泊2日コース』で、鹿島神宮や根府川、小田原、深谷と関東近郊を巡るツアーでした。途中の経由地のあちこちでもみなさんが先回りして出迎えてくれたので、みんなで一緒に『四季島』の旅を楽しむことができました」。

2022（令和4）年2月の「冬の1泊2日コース」に参加。木村さんにとっては、これが3度目の「四季島」の乗車となった。中央の駅長の右隣で旗を持っているのが木村さん。

TWILIGHT EXPRESS 瑞風

トワイライト　エクスプレス　みずかぜ

乗車ガイド

大阪〜札幌間を結んだかつての人気寝台特急「トワイライトエクスプレス」の伝統と誇りを受け継ぐ寝台特急。「美しい日本をホテルが走る」のコンセプトのもと、最上級の設備を備えた列車が、山陰・山陽地方の豊かな自然の中を走る。

"トワイライド"の伝統を受け継ぐ鮮やかなグリーンのボディー

展望デッキで風を感じながら
山陰・山陽地方の絶景をめぐる

かつて大阪〜札幌間を日本海沿いルートで運行した寝台特急「トワイライトエクスプレス」は、JR東日本の「北斗星」と並ぶ豪華寝台特急の先駆け。デラックスな個室寝台や食堂車、ロビーカーを備えて好評を博したが、車輌の老朽化などに伴い、2015（平成27）年3月に惜しまれながらも定期運行が終了した。

その伝統を受け継ぐのが「トワイライトエクスプレス瑞風」で、グリーンの車体色やゴールドのエンブレムなどを継承している。「瑞風」とはみずみずしい風のことで、「吉兆を表すめでたい風」の意味も併せ持つ。みずみずしい稲穂が実る「瑞穂の国」である日本に、新しいトワイライトエクスプレスという風が幸せを運ぶ——そんな情景をイメージして命名された。

「美しい日本をホテルが走る」という列車コンセプトのもと、ラウンジカーや展望車、さらには一流シェフ監修の料理が提供される食堂車などを連結。客室は全16室で、どれも充実した設備を誇るが、中でも最上級の「ザ・スイート」は1両1室の特別仕様で、プライベートバルコニーやリビング、寝室などがある。

2017（平成29）年6月に運行スタート。ルートは、山陰・山陽地方の風光明媚なエリアがメインで、日本海や大山、瀬戸内海などが織りなす雄大な車窓が魅力的だ。編成最後部の展望デッキに出れば、風を肌で感じながら列車旅が堪能できるのがうれしい。

山陰本線の三見～玉江間で、
日本海の絶景を間近に見なが
ら進む。夏の日本海は、エメラ
ルドグリーンに輝いて美しい。
PHOTO 牧野和人

PLAN

トワイライト
エクスプレス瑞風
ルート＆プラン

天使が向き合うロゴマークは、先代の寝台特急「トワイライトエクスプレス」から引き継いだもの。MIZUKAZE の"M"を山並みに見立て、吹き抜けていく風を天使で表現している。

Information

ツアーに参加するには？

　まずはトワイライトエクスプレス瑞風ツアーデスク、または「瑞風」専用ホームページからパンフレットを請求し、旅行の詳細を確認しよう。参加申し込みは、インターネット、またはパンフレット同封の申し込み用紙の郵送にて。2023年10〜11月出発分では、応募期間は4月1日〜5月29日だった。

　定員を超える応募が予想され、ほぼ間違いなく抽選となる。過去の申込み回数に応じて優遇される抽選方法を採用しているので、粘り強く応募を続けたい。瑞風ツアーデスク販売分のほかに、一部日程で旅行会社からも販売される。

　当選すれば、参加申込書の手続きの案内が届く。ツアー料金の納入を済ませればツアー参加が正式に決まり、アレルギーの有無や旅の要望受付などの打ち合わせが行われ、出発日の2週間前までに最終日程表が送付される。

日本旅行トワイライトエクスプレス
瑞風ツアーデスク

TEL　0570-00-3250
営業時間　10:00〜17:30
（水曜日、日曜、休日、年末年始は休み）
https://www.twilightexpress-mizukaze.jp

最新情報は
専用ホーム
ページで

山陽・山陰地方をめぐる
5つの多彩なコースを設定

　「瑞風」の旅のコースは、全部で5種類。京都駅を発着地として山陽・山陰地方をぐるりと周遊する「山陽・山陰コース」は、2泊3日の行程。京都（京都府）〜下関（山口県）間の片道運行の「山陽コース」と「山陰コース」は1泊2日の行程で、それぞれ下り（京都→下関）と上り（下関→京都）が設定されている。

　「山陽コース」は瀬戸内海沿いの山陽本線、「山陰コース」は日本海沿いの山陰本線経由での運行となる。「山陽・山陰コース」は時計回りに、山陽本線、山口線、山陰本線経由で走る。沿線には、明石海峡大橋や尾道水道、宍道湖、大山などを望む絶景ビューが多く、列車旅を飽きさせない。

　各コースとも、停車駅から専用バスを使った立ち寄り観光や、ツアー参加者限定の特別プログラムが用意されている。たとえば「山陽・山陰コース」では、日本三名園に数えられる「岡山後楽園」に立ち寄り、通常非公開の岡山藩主の居室「延養亭」から庭園を眺めることができる。

　「山陽コース」「山陰コース」の4つのコースとも立ち寄り観光スポットが異なり、「山陽・山陰コース」との重複も一部しかない。それゆえ、観光スポットやイベントの内容を比較しながら、コースを選ぶのがよいだろう。

　旅の起終点となる京都には、駅直結の「ホテルグランヴィア京都」15階にツアー客専用の「瑞風ラウンジ」があり、京都ならではのドリンクやスイーツが提供される。乗車前はここでチェックインや荷物の預かりなどが行われ、到着時は旅の余韻に浸ることができる。コロナ禍で利用停止となっていたが、2023（令和5）年8月2日からリニューアルのうえ利用再開の予定だ。

2023（令和5）年8月にリニューアルされる「瑞風ラウンジ」。京都駅直結の「ホテルグランヴィア京都」内にある。車輌と同様、アール・デコ様式のインテリアデザインを採用している。
photo：JR西日本

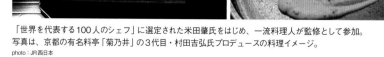

「世界を代表する100人のシェフ」に選定された米田肇氏をはじめ、一流料理人が監修として参加。写真は、京都の有名料亭「菊乃井」の3代目・村田吉弘氏プロデュースの料理イメージ。
photo：JR西日本

　※各コースの内容は、2023年8月以降の出発分のもの。内容は時期により変更する可能性があります。

2泊3日 山陽·山陰コース【周遊】
（2023年8月以降の出発分）

夕景や朝もやの移ろいゆく光景や、四季折々に表情を変える車窓を見ながら、西日本エリアの魅力を堪能する。

～西日本の原風景を堪能する旅～

京都から時計回りに中国地方を1周する2泊3日のプラン。JR山陽本線では瀬戸内の多島美、山陰本線では風光明媚な日本海を眺めながら進む。日本三名園の「岡山後楽園」、たたら製鉄の製鉄炉が残る「菅谷たたら山内」、大自然が作り出した造形美「鳥取砂丘」などでの立ち寄り観光が設定されている。

1日目

京都駅（京都府）— 昼食 — 岡山駅 または 倉敷駅（岡山県）※出発日により異なる【立ち寄り観光 岡山後楽園または倉敷散策】— 夕食 — 車中泊

2日目

宍道駅（島根県）— 朝食 — 昼食【立ち寄り観光 雲南·松江 ※車外】— 松江駅（島根県）— 夕食 — 車中泊

3日目

東浜駅（鳥取県）— 朝食【立ち寄り観光 鳥取·東浜 ※車外】— 鳥取駅（鳥取県）— 昼食 — 京都駅（京都府）

━━ 車外

○ 停車駅
● その他の主要駅

下関　新山口　益田　山口線　山陽本線　広島　山陰本線　出雲市　宍道　松江　倉敷　岡山　東浜　鳥取　姫路　大阪　京都

ツアー料金（1人あたり）　※2023年8月出発分

客室タイプ		
ザ·スイート	4人1室利用時	101万5000円
	3人1室利用時	112万円
	2人1室利用時	132万円
ロイヤルツイン	2人1室利用時	61万円
ロイヤルシングル	2人1室利用時	58万円
	1人1室利用時	73万円

立ち寄り観光 雲南·松江

日本古来の製鉄法「たたら製鉄」の製鉄炉の見学や、ヤマタノオロチ伝説ゆかりの地である雲南での「出雲神楽」鑑賞を楽しむ。photo：JR西日本

立ち寄り観光 岡山

岡山藩2代藩主·池田綱政が造営した庭園「岡山後楽園」を藩主の居室「延養亭」（通常非公開）で一望する。
photo：岡山県観光連盟

美しい夕日が車窓を彩る。「山陽·山陰コース」では、「日本夕日百景」に選ばれた宍道湖（島根県松江市）の夕日が見えることも。

立ち寄り観光 鳥取·東浜

鳥取砂丘で風が作り出す「風紋」などの天然の美しさを、砂の美術館では世界の砂像彫刻家が創り出す作品の美しさを堪能する。

1泊2日 山陰コース【下り】
（2023年8月以降の出発分）

～名湯の地と維新の歴史をたどる旅～
※2023年8月～9月出発分

1泊2日 山陰コース【上り】
（2023年8月以降の出発分）

～神話と自然美に触れる旅～

余部橋梁（兵庫県香美町）や折居海岸（島根県浜田市）などの日本海を望む絶景ビュースポットが点在するコース。下りは城崎温泉や萩、上りは出雲大社や鳥取砂丘などに立ち寄る。

山陰海岸国立公園の中心地である香住海岸に沿って進む。断崖絶壁の景勝地「鎧の袖」が車窓を彩る。

山陰コース【下り】（京都～下関）
※2023年8月～9月出発分

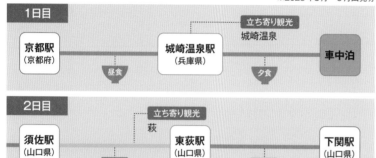

1日目
京都駅（京都府）―昼食―城崎温泉駅（兵庫県）〔立ち寄り観光 城崎温泉〕―夕食―車中泊

2日目
須佐駅（山口県）―朝食※車外―〔立ち寄り観光 萩〕東萩駅（山口県）―昼食―下関駅（山口県）

山陰コース【上り】（下関～京都）

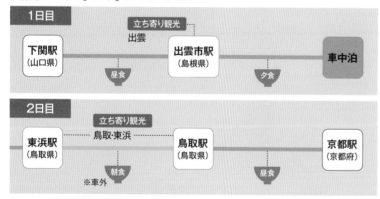

1日目
下関駅（山口県）―昼食―〔立ち寄り観光 出雲〕出雲市駅（島根県）―夕食―車中泊

2日目
〔立ち寄り観光 鳥取・東浜〕東浜駅（鳥取県）―朝食※車外―鳥取駅（鳥取県）―昼食―京都駅（京都府）

━━━ 車外

ツアー料金（1人あたり）
※2023年8月出発分

客室タイプ		
ザ・スイート	4人1室利用時	65万円
	3人1室利用時	72万円
	2人1室利用時	84万5000円
ロイヤルツイン	2人1室利用時	35万5000円
ロイヤルシングル	2人1室利用時	33万5000円
	1人1室利用時	41万5000円

○─ 上り停車駅
○─ 下り停車駅
● その他の主要駅

（地図：出雲市、鳥取、東浜、城崎温泉、東萩、須佐、下関、大阪、京都）

立ち寄り観光 出雲

日本神話のふるさととされる出雲で、縁結びの神として名高い「出雲大社」を参拝する。

立ち寄り観光 城崎温泉

開湯約1300年の歴史を誇る「城崎温泉」を訪れ、道智上人により開かれ、街の歴史を見つめてきた古刹「温泉寺」の薬師庵を訪ねる。

立ち寄り観光 萩

幕末・明治維新を牽引した数々の偉人を輩出した萩で、吉田松陰ゆかりのスポット「松下村塾」などを訪ねる。

1泊2日 山陽コース【下り】
（2023年8月以降の出発分）

～せとうちの歴史に触れる旅～

1泊2日 山陽コース【上り】
（2023年8月以降の出発分）

～せとうちの美を愛でる旅～

明石海峡や尾道水道、大畠瀬戸などの瀬戸内海の名物スポットを見ながら進むコース。下りは倉敷や岩国、上りは宮島や尾道などに立ち寄る。

本州と周防大島（屋代島）との間に挟まれた「大畠瀬戸」を見ながら走る。

山陽コース【下り】（京都～下関）

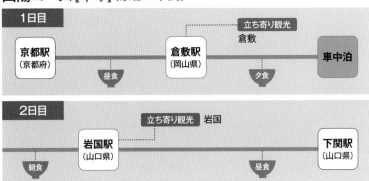

1日目			
京都駅（京都府）	昼食	倉敷駅（岡山県） 立ち寄り観光 倉敷 夕食	車中泊

2日目		
朝食	岩国駅（山口県） 立ち寄り観光 岩国	下関駅（山口県） 昼食

山陽コース【上り】（下関～京都）

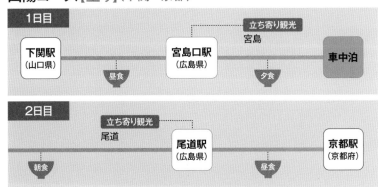

1日目			
下関駅（山口県）	昼食	宮島口駅（広島県） 立ち寄り観光 宮島 夕食	車中泊

2日目		
朝食	尾道駅（広島県） 立ち寄り観光 尾道	京都駅（京都府） 昼食

ツアー料金（1人あたり）
※2023年8月出発分

客室タイプ		
ザ・スイート	4人1室利用時	65万円
	3人1室利用時	72万円
	2人1室利用時	84万5000円
ロイヤルツイン	2人1室利用時	35万5000円
ロイヤルシングル	2人1室利用時	33万5000円
	1人1室利用時	41万5000円

上り停車駅 / 下り停車駅 / その他の主要駅
下関 宮島口 岩国 尾道 倉敷 京都 大阪

立ち寄り観光　岩国
吉川家の城下町として栄えた岩国には、日本三名橋の一つに数えられる「錦帯橋」などが見どころ。

立ち寄り観光　倉敷
レトロモダンな街並みが広がる倉敷美観地区の散策や、大原家旧別邸「有隣荘」（通常非公開）の見学などを楽しむ。
photo：岡山県観光連盟

立ち寄り観光　宮島
日本三景の一つで、"安芸の宮島"として知られる世界遺産の厳島神社を参拝。

41

トワイライトエクスプレス瑞風
車輌・客室ガイド

1輛まるごと1室に充てた超豪華客室をはじめ、
展望車、ラウンジカー、ダイニングカーなどを連結した10輛編成で運行。
往年のボンネット型を彷彿とさせる車輌シルエットは懐かしさがあり、
アール・デコ調の内装は豪華さと落ち着きを兼ね備える。

アメリカンフットボールのヘルメットの
ようにも見える両先頭車はオープンデッ
キ構造。運転席は2階部にある。

PHOTO:坪内政美、JR西日本

10号車	9号車	8号車	7号車	6号車
展望車	ロイヤルツイン	ロイヤルツイン	ザ・スイート	ダイニングカー

1・10号車 展望車

編成両端の展望車は、ミニラウンジに
なっている。窓は天井まで大きく延ば
され、見晴らしが大変よい。流れゆく
風景が存分に堪能でき、夜は星を眺め
ることもできる。PHOTO：JR西日本

5号車 ラウンジカー

落ち着いた雰囲気を醸し出すラウ
ンジカー。手前のテーブルは茶の
卓で、ここでお茶を点て、お茶会
を開催する。

6号車 ダイニングカー

テーブルに清潔なテー
ブルクロスが掛けられ
た食堂車。「トワイラ
イトエクスプレス」を
引き継ぎ、食堂車には
「ダイナープレヤデス」
の名が与えられた。

洗練された空間に懐かしさが漂う "ノスタルジック・モダン" なデザイン

10輌編成で、5号車にラウンジカー「サロン・ドゥ・ルゥエスト」、6号車にダイニングカー「ダイナープレヤデス」を連結。

客室は全16室。最もグレードの高い「ザ・スイート」は、7号車まるごと1輌を一つの個室に充てた超豪華仕様で、プライベートバルコニーやリビングなどを備える。2・3・8・9号車は2人用個室「ロイヤルツイン」で、1

輌につき3室配置。4号車は、ユニバーサル対応の「ロイヤルツイン」1室と、1人用個室「ロイヤルシングル」が2室。各個室にはシャワー、トイレ、洗面台が完備されている。

車輌デザインのコンセプトは "ノスタルジック・モダン"。伝統をベースとしているのがポイントで、洗練さの中に懐かしさが感じられる仕掛けになっている。

エクステリアデザインは、インダストリアルデザイナー・福田哲夫氏が担当。車体のカラーは、かつての寝台特急「トワイライトエクスプ

レス」を継承し、グリーン地に金帯を配した。先頭車は、ノーズが運転席の前方に突き出た "ボンネット型" をイメージしており、往年の国鉄特急を思わせるシルエットが味わい深い。

インテリアデザインは、建築家・浦一也氏が担当。昭和初期に流行した "アール・デコ調" をベースに、伝統に裏打ちされた落ち着きを与える。客室の内装には中国地方で産出された木材が用いられ、石州和紙を使った照明や備前焼の花器、萩切子のグラスなど西日本の工芸品が至るところに見られる。

5号車	4号車	3号車	2号車	1号車

ラウンジカー	ロイヤルツイン(ユニバーサル対応) ロイヤルシングル	ロイヤルツイン	ロイヤルツイン	展望車

2・3・8・9号車 ロイヤルツイン

「ロイヤルツイン」には大きな窓のそばにテーブルが1台、コンソールデスク1台が配置されている。

収納式ベッドを備えたロイヤルツイン。客室にいながら通路側の景色も眺められるようにレイアウトされた。

ソファベッドには小型のクッションが添えられている。

7号車 ザ・スイート

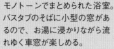

リビングは4人で利用する場面も想定されており、テーブルは広めにつくられている。

1輌1室の「ザ・スイート」。プライベートバルコニー付きのエントランス、リビング・ダイニング、寝室、バスタブ付きの浴室を備える。高級ホテル並みのベッドは線路方向と直角に配置された。

モノトーンでまとめられた浴室。バスタブのそばに小型の窓があるので、お湯に浸かりながら流れゆく車窓が楽しめる。

4号車 ロイヤルツイン・ロイヤルシングル

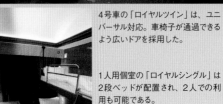

4号車の「ロイヤルツイン」は、ユニバーサル対応。車椅子が通過できるよう広いドアを採用した。

1人用個室の「ロイヤルシングル」は2段ベッドが配置され、2人での利用も可能である。

沿線の皆さまの協力を得ながら常に最善のサービスを追い求めています

「トワイライトエクスプレス瑞風」の列車長を務める手島秀和さん。
最善のサービスやオペレーションを追求する中で
コロナ禍ではサービス内容の見直しに直面して苦悩が続いた。
それでも乗客や沿線住民の喜びを活力に、業務に励む日々を送る。

列車長

手島 秀和 さん

2000（平成12）年、JR西日本に入社。翌2001（平成13）年から大阪車掌区の車掌として乗務を重ねた。大阪総合指令所での指令員を経て、2016（平成28）年に瑞風推進事業部への転勤となり、現在に至る。

かつての「トワイライト」車掌が瑞風の列車長に転身！

「トワイライトエクスプレス瑞風」（以下、瑞風）に乗務するクルーを束ねる列車長。手島さんは、その6人の列車長のうちの一人だ。「サンダーバード」などの昼行特急だけでなく、先代にあたる大阪〜札幌間で運行していた寝台特急「トワイライトエクスプレス」をはじめ、急行「銀河」や「きたぐに」などの今は無き夜行列車にもに車掌として乗務してきた。その豊富な乗務経験から、大阪総合指令所の指令員をしていた2015（平成27）年、瑞風列車長の社内公募を聞き、「すぐに手を挙げました」と語る。

列車長は、いわば現場のトップ。その仕事は多岐に渡る。「運行日は総責任者としてあらゆる業務に携わり、出発駅・到着駅でのサポートや、車庫での積み下ろしも行います。運行日以外でも、お客さまやクルーからの意見をもとに、今後のサービスの在り方についての検討を重ねています」。

瑞風のクルーには、前職が航空会社の客室乗務員だったり領事館執事だったりと、その経歴は多種多様だ。列車長はクルーたちの個性を生かし、そのすべての動きを統括しつつ、サービスが行き届いたものなのか常に気を配

る。たとえばツアー中は、「お客さま」ではなく「○○さま」と名前で呼ぶ。こうしたきめ細やかなサービスが、感動を与えている。

「サービスの具体的行動指針を示した『トワイライトエクスプレス瑞風　クレド』に基づき、お客様ひとりひとりが最上の時間を過ごしていただけるよう、クルーたちは一丸となって励んでいます。『何がお客さまにとって最上か？』を常に考え、高級ホテルに劣らないサービスを提供することで、特別な旅となるよう心掛けています」。

クルーたちのサービスだけでなく、瑞風には特別な"仕掛け"が用意されている。それが、列車の両端に設置された展望デッキだ。最後尾側は大半の区間で開放され、外気をダイレクトに感じながら流れゆく風景を楽しむことができる。

「私がオススメしたいのは、夜の展望デッキから眺める星空です。昼間の風景とまったく異なり、真っ暗闇の中を走る列車から眺める満天の星空は、言葉に表せないほどの格別なもので、心に深い感動を与えてくれるでしょう」。

大海原が広がる日本海と多島美の瀬戸内海が織りなす海の絶景も見どころだ。「瑞風ではお部屋の窓を開けることができます。お部屋でおくつろぎいただきながら、美しい海岸線を潮の香り、風とともに感じることができるのは、瑞風ならではの特権でしょう」。

アフターコロナを迎え食堂車やラウンジ再開へ

新型コロナウイルスの影響で、瑞風は2020（令和2）年から約1年2カ月にもわたり運休が続いた。2017（平成29）年の運行開始以降、最

倉敷駅で下車した一行が、当地の祭りに登場する「素隠居」の面で出迎えを受ける。PHOTO：JR西日本

大の試練だったといえるだろう。

「この時期の苦悩は、今でも忘れることはできません。運休中もアフターコロナを見据え、サービス内容を大きく変更させつつ、どのようにお客さまをお迎えすればよいのか本当に悩み続けていました」。

サービスの変化における最たるものが、食堂車での食事をやめ、部屋食に切り替えたことだろう。食堂車「ダイナープレヤデス」は、先代の「トワイライトエクスプレス」の伝統を受け継ぐ瑞風の象徴の一つで、格調高い華やかな雰囲気に包まれた空間での本格的なコース料理を堪能することができた。それでも、瑞風ではその時の最善を追求し、サービス内容を臨機応変に変化させた。「現場ではクルーとともに新しいサービスを構築すべく、オペレーションなどで試行錯誤が続きました。いざ運行再開となり、お客さまの顔に浮かぶ喜びの表情を拝見したときには、こみあげてくるものがありました」。

そんな「ダイナープレヤデス」での食事も、本格的なアフターコロナを迎え、2022（令和4）年9月より一部再開を果たした。「さらに2023（令和5）年8月から、京都駅の『瑞風ラウンジ』もいよいよリニューアルオープンします。

こちらもお客さまからのご要望が多く、お待たせした中での再開となります。ラウンジ再開に合わせ、瑞風の関西エリアの出発駅・到着駅が京都駅となり、瑞風のすべてのコースで『瑞風ラウンジ』にお立ち寄りいただけることになりました」。

沿線の人々からのおもてなしは、乗客たちから常に好評を得ている。「地域の皆さまからは、郷土芸能で温かくお迎えいただいたり、瑞風が停車しない場所でもホーム上から大漁旗を掲げてお出迎えいただいたりと、さまざまな形で歓迎を受けています。幼稚園児や小学生を含む地域の住民のみなさまが、一生懸命に手を振ってくださる光景を見て、お客さまは心が温まる瞬間を過ごされています」。

日頃の感謝の気持ちを込め、手島さんら列車長やクルー一同は2023（令和5）年の1・2月、沿線の約50カ所を訪問した。

「こうした交流の場は、コロナ禍により約4年ぶりの機会となりましたが、地域の熱意は変わらず、私たちにとって今後の活動の活力となっています。瑞風と地域との絆が、深く根づいていると実感できました」。

ホテルのような上質さと心休まる懐かしさを感じる車両で、美しい自然と日本の原風景が残る西日本を旅するのが、瑞風の醍醐味。「美しい車窓の眺め、一流の食の匠による料理、洗練された車両、そして沿線の魅力……。瑞風ではここでしか味わえない特別な鉄道の旅をご提供いたします。皆様のご乗車心よりお待ち申し上げております」。

編成の両端に設置された展望車のオープンデッキは、ほかのクルーズトレインにはない瑞風の最大の特徴だ。
PHOTO：伊藤岳志

参考「TWILIGHT EXPRESS 瑞風」クレド（一部を抜粋）

わたくしたちは、安全を第一に考え行動し、お客様に安心をお届けします。
わたくしたちは、お客様一人ひとりに最上級のおもてなしをし、忘れられない特別な旅をお約束します。
わたくしたちは、地域の皆様と想いを共にし、沿線の魅力をお伝えします。
わたくしたちは、常に仲間を大切にし、「信頼」「協力」「感謝」しあえるチームであり続けます。
わたくしたちは、「TWILIGHT EXPRESS 瑞風」が愛され輝き続けるために、飽くなき向上心を持ち挑戦し続けます。

Interview ❹
インタビュー

乗り鉄マダムが
東西二大クルーズトレインの
魅力を教えます！

ブログ「ハ〜イ! オバ鉄です」で鉄道乗車記を公開する主婦の中村浩枝さんは、
JR東日本の「四季島」、JR西日本の「瑞風」での列車旅に魅了された一人だ。
東西の二大クルーズトレイン乗車時の思い出について、中村さんから話を聞いた。

PHOTO（特記以外）：中村浩枝　TEXT：古橋龍一

「四季島」の旅では、出迎えてくれた地元の人々へのお礼として、中村さんはオリジナルのしおりを配布して回った。

新幹線とのすれ違いに大興奮しながら「四季島」で青函トンネルを越える

「鉄道好きの息子と一緒に鉄道旅行をしているうちに、私も鉄道好きになりました」と、鉄道好きになった経緯を明かす中村浩枝さん。息子さんが成人になってからも、ご主人と2人で全国各地を"鉄道行脚"を続けた。その記録は、ブログ「ハ〜イ! オバ鉄です」で公開しており、そのラインナップには「トランスイート四季島（以下、四季島）」や「トワイライトエクスプレス瑞風（以下、瑞風）」といったクルーズトレインも含まれる。

2017（平成29）年5月1日にデビューしたJR東日本の「四季島」。中村さん夫婦は、まだデビューから間もない同年7月3日の「3泊4日コース」に参加している。話題の豪華列車とあって、中村さんはそのデビュー前から一度は乗車したいと思い、応募2回目で当選した。

「JR7社の筆頭格であるJR東日本の豪華列車なので、プライドみたいなものがそこかしこに感じられました」と振り返る。その象徴が、旅の発着点である上野駅にある「新たな旅立ちの13.5番線ホーム」だろう。これは、四季島利用者しか利用できない専用ホームで、13番線と14番線の間に設置されている。「瑞風にも参加者専用のラウンジはありますが、利用者専用の乗り場があるのは四季島だけ。相当な力の入れようだと感心しました」。

列車の乗降口は、5号車の1カ所のみ。扉は、2枚の引き戸が左右にスライドする「両開き式」で、ホテルのエントランスのような格式が感じられる。

「国内の列車ではあまり見られないタイプの乗降扉だと思います。JR九州の観光列車『或る列車』も同じタイプの扉ですが、四季島は広くて豪華。この5号車はラウンジカーで、移動中は乗客たちのたまり場となります。天井が高くて広がりが感じられ、明るい雰囲気でした。

「トランスイート四季島」の旅の起終点・上野駅には、乗客専用の「新たな旅立ちの13.5番線ホーム」がある。プレミアム感満点の旅が演出されている。

列車オリジナルのグッズは、旅の土産に最適。記念写真を撮影する時、クルーら乗務員が積極的にシャッターを押してくれたという。
PHOTO：古橋龍一

駅で出迎えてくれた地元の子どもたちとのツーショット。
クルーズトレインの旅は、地元の人々との交流が楽しい。

まるでホテルのラウンジ空間みたいで、車内とは思えません。10輌編成のちょうど真ん中なので、乗客が集まりやすく、5号車に行けば誰かしらと出会うことができました」。

3泊4日コースは、JR東日本管内を飛び出し、青函トンネルを越えて北海道に乗り入れる。青函トンネル内を走る旅客列車は、新幹線を除けば四季島だけ。「往路でのトンネル通過は初日の深夜でしたが、復路では3日目の昼過ぎ。この復路では新幹線とのすれ違いシーンが見られるので、先頭の展望車からビデオでバッチリ撮影しました」。

ただしこの3日目は、「縄文コース」と「黒石

コース」の二つのコースに分かれるので注意が必要だという。『黒石コース』では、途中で新幹線に乗り換えて青函トンネルを越えるため、四季島の車内から新幹線とのすれ違いが見られるのは『縄文コース』だけです。鉄道好きには、縄文コースがおススメでしょう」。

四季島乗車時には、旅を楽しむための"工夫"を考えていた。「クルーズトレインの旅では、沿線の人たちが熱狂的に出迎えてくれます。以前に『ななつ星in九州』に乗車したときには、地元の小学生から旗をプレゼントされたので、ななつ星オリジナルのポストカードを車内で購入し、それをお礼として手渡していました」。

ところが四季島では、当時はグッズ販売をあまり行っていなかったという。「そこで、オリジナルグッズが車内販売されていれば、出迎えてくれた子どもたちに配布できるのに、とツアーデスクに事前にお話ししました。そうしたら当日、列車のイラストがプリントされたしおりを用意していただいたのです。そのおかげで、しおりを配布して地元の方々との触れ合いを楽しむことができました」。

ちなみに現在は、オリジナルグッズのラインナップが充実し、乗車前でも要望があればグッズ販売に応じてくれる。乗客の要望を受け止めて"進化"するのがクルーズトレインの真骨頂

鮮やかでありながらも、落ち着きのあるグリーンの車体が優美な「トワイライトエクスプレス瑞風」。
最後尾に設置された展望デッキからの眺めに、中村さん夫婦はすっかり魅了された。

地元の大歓迎やクルーのおもてなしに感動すること間違いなし!

で、リピーターが絶えないのもそうした姿勢があるからなのだろう。

「瑞風」の展望デッキから見た出迎えの光景はまさに圧巻

2017(平成29)年6月17日にデビューしたJR西日本の「瑞風」。中村さん夫婦は同年11月、1泊2日の「山陽コース(下り:京都〜下関)」に参加した。「当初は9月に乗車する予定でしたが、台風の上陸で運行中止となりました。そこでキャンセル待ちを優先して回してもらい、別日に振り替えてもらったのです」。

乗車日は紅葉シーズンと重なり、集合場所となる京都駅前のビジネスホテルはどこも満杯だった。「私のような関東在住の人間だと、早朝の新幹線を利用しても、京都駅の集合時間に間に合わなくて、お手上げ状態になりました。そこでツアーデスク(JR西日本グループの日本旅行)に連絡して、ホテル手配の相談をしました。そうしたら、京都駅の駅ビル内にある「ホテルグランヴィア京都」の部屋を用意してくれました。ツアーの集合場所となる『瑞風ラウンジ』もこのホテルの最上階にあったので、とても便利でした」。

瑞風といえば、何といっても編成の両端に設置されている展望デッキが目を引く。「11月でしたから、外気をダイレクトに受けるため少し肌寒かったのですが、主人は大興奮。京都駅の出発時にデッキに出た際には、駅スタッフだけでなく、ホームにいた乗客のみなさんも旗を振ってくれていて、その光景は圧巻でした」。

瑞風には、クルーズトレインとしては珍しく1人用個室「シングル」が用意されている。「私たち夫婦は、シングルを2人で使用しました。その場合、エクストラベッドを出して、上下二段の寝台ベッドとなるのです。昔の寝台列車を彷彿とさせるものがあり、好奇心からシングルを利用したいと思いました。はしごを伝って上段に登るなんて、どこか懐かしいですよね」。

参加した1泊2日の「山陽コース(下り)」は、京都を出発して山陽本線経由で下関へ向かう。「2日目に立ち寄った岩国では、岩国藩鉄砲隊保存会による演武を間近で鑑賞できました。甲冑姿をまとった人たちが勢揃いで、本物の火縄銃の音は迫力満点でした」。こうしたクルーズトレインの乗客のための特別プログラムは、四季島などでも用意され、クルーズトレインの人気のヒミツの一つになっている。

瑞風の旅では、5号車のラウンジカーで茶会が開催される。裏千家の本格的なものだが、椅子に座ったままお茶をいただく立礼式とあって、気軽に楽しめる。「ラウンジカーにはバーカウンターも設置されていて、深夜まで営業していました。私はお酒がダメなのでノンアルコールのカクテルを注文しましたが、目の前でバーテンダーがシェイカーを振りながら作ってくれて、会話を楽しみながらドリンクを味わいました」。

瀬戸内海沿いのルートのため、優美な多島美が車窓を彩る。日中の風景も美しいが、薄明かりを意味する"トワイライト"の名の通り、瀬戸内海から昇る朝日の美しさも格別だったという。

「11月なので朝6時半頃、山口県内を走行していたときだったと思います。周囲のクルーたちと一緒に『あぁ、いいなぁ』とつぶやきながら、その景色を堪能しました」。

さまざまな魅力がぎゅっと詰め込まれているクルーズトレインの旅。その中でも中村さんの心を最も捉えたものは、沿線の歓迎ぶりだったという。「旗を振って出迎えを受けるのは、私にとっては初体験のこと。従来の観光列車でも駅のスタッフや観光協会の方々が横断幕を持って出迎えてくれますが、クルーズトレインでは地元の人々が中心です。『いつもこの場所で、あの子が見送りに来てくれる』とクルーから教えられることも多く、必死に手を振ってくれる姿には感動を覚えます。クルーズトレインは最高の"おもてなし列車"なのです」。

「瑞風」のラウンジカーでは、椅子に座ったままお茶をいただく立礼式による茶会が開催。車内では、京都で数百年にわたり三千家の茶道具を制作してきた「千家十職」の貴重な茶道具を展示し、日本茶の文化が息づく関西の伝統文化を伝える。

「四季島」の3泊4日コースでは、3日目に訪れる青森県内で大歓迎を受けた。青森駅のホームでは、歓迎の人の多さに目を疑うほどで、駅員だけでなく地元の人々の姿も多かったという。

お話をうかがった人
中村浩枝 さん

神奈川県横浜市生まれ。鉄道好きのご子息の影響で鉄道ファンになり、JR・私鉄の全線乗車を果たしている。

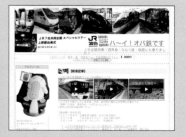

中村さんのブログ「ハ〜イ! オバ鉄です」(http://obatetu.blog98.fc2.com/)。写真や動画で乗車した列車の魅力を紹介している。

※クルーズトレインの観光プランは中村さん乗車時のもので、現在は変更されています

伊豆観光列車

THE ROYAL EXPRESS
ザ　　　　　　　ロイヤル　　　　　　　　　エクスプレス

乗車ガイド

伊豆急行と東急が共同運行する「ザ・ロイヤルエクスプレス」は、
一流ホテルを思わせる豪華な車内でくつろぎながら
旬の食材を取り入れた食事を味わえるリゾート列車だ。
横浜から伊豆急下田への優雅な列車旅を満喫しよう。

PHOTO:川井 聡　TEXT:古橋龍一

※「ザ・ロイヤルエクスプレス」の記事は、2018（平成30）年2月取材の記事を再構成したものです

「食事付き乗車プラン」の集合場所となる横浜駅の「ザ・ロイヤルカフェ ヨコハマ」。オリジナルブレンドのコーヒーでこれから始まる旅舞台への期待感が高まる。

横浜駅のホームに停車する「ザ・ロイヤルエクスプレス」とご対面。鮮やかな青いボディーが、ひときわ目を引く。乗車口にはカーペットが敷かれ、特別な旅を演出する。

駅員たちも歓迎幕でお出迎え。華やかな雰囲気を演出する。

「クルーズプラン」の集合場所となる「ザ・ロイヤルラウンジ横浜」も、水戸岡鋭治氏がデザインしている。ラウンジ内にはピアノも設置されており、その生演奏をBGMに優雅な時間が流れる。

「記憶に残る旅」を演出する
東急のクルーズトレイン

首都圏近郊で屈指のリゾート地として知られる伊豆。そのアクセスを担う観光列車として2017（平成29）年に登場したのが、横浜〜伊豆急下田間を走る「ザ・ロイヤルエクスプレス」だ。

首都圏と伊豆を結ぶ列車としては、JR東日本の特急「サフィール踊り子」も運行している。全座席がグリーン車か、さらに格上のプレミアムグリーン車という豪華仕様ながら、毎日運行という気軽さ・便利さも兼ね備える。

これに対して「ザ・ロイヤルエクスプレス」は、コース料理や生演奏など「記憶に残る旅」を演出するサービスが特徴。車輌デザインは、JR九州の「ななつ星in九州」などで知られる工業デザイナー・水戸岡鋭治氏が手掛け、上質な車内空間で列車旅を堪能できる。ツアー専用列車なので、駅の券売機で乗車券を購入するスタイルではなく、最低でも乗車希望日の1カ月前には予約を入れる必要がある。

運行区間が横浜〜伊豆急下田間なので、JR東海道本線、JR伊東線、伊豆急行線を経由することになるが、営業主体には伊豆急行と並んで東急の名が見える。JR東日本は運転業務だけ担当し、ツアーの企画催行はあくまでも東急なのである。東急線沿線に大型リゾート観光地はないが、東急のターミナルの一つである横浜と伊豆を「ザ・ロイヤルエクスプレス」が直結することで、新たな価値を提供する狙いもあるのだろう。

乗車プランは、伊豆での観光地めぐりや宿泊を組み合わせた「クルーズプラン」と、車内での食事が味わえる片道乗車のみの「食事付きプラン」の2種類が基本。

「クルーズプラン」は、季節感を重視した多彩なプログラムが用意されている。たとえば2023（令和5）年5〜6月には、ホタル鑑賞を組み込んだプランも実施された。一方の「食事付きプラン」は、横浜から伊豆急下田へ向かう下り列車のみの設定。洋食、和食、フレンチのいずれかの提供で、運行日により異なる。

木材を使ったこだわりの車内で
上質な列車旅を堪能！

旅の始まりは横浜駅となる。「クルーズプラン」の場合は、東急線の横浜駅構内の一角にある専用ラウンジ「ザ・ロイヤルラウンジ横浜」が集合場所となっている。車輌と同様に

ドリンクや食事を提供する時には、クルーはオリジナルのエプロン姿でサービスにあたる。

乗車中はフリードリンク制。「ザ・ロイヤルエクスプレス」のオリジナルブレンドのコーヒーや燻製紅茶、地ビール、ワインなどラインナップは豊富。

伊豆急下田行きで先頭になる1号車。運転席寄りの天井にはやわらかい色調の葉っぱのイラストが描かれ、森の中のような雰囲気がある。車輌ごとに天井の形状や素材も異なっており、見逃せないポイントだ。

水戸岡鋭治氏がデザインを手掛けており、木のぬくもりたっぷりのクラシカルな空間のなか、出発前のセレモニーが開かれる。一方の「食事付きプラン」でも、隣接するカフェ店「ザ・ロイヤルカフェ ヨコハマ」を利用できる。

出発時間を知らせるベルが鳴ると、クルーのエスコートで乗車ホームに移動。ロイヤルブルーで彩られた鮮やかな車輌を目にすれば、特別な旅の始まりに期待が高まる。横浜駅駅員たちが見送るなか、いよいよ列車がスタート。

しばらくすると、ウェルカムドリンクが振る舞われる。スパークリングワインや手むきみかんジュース（時期により内容は異なる）などから選ぶことができる。ドリンク提供時に用いられるコースターは、列車のロゴがあしらわれたオリジナル品。滑り止め付きなので揺れにも対応できる。小物に至るまで細かな配慮が行き届いているのがうれしい。

落ち着いたところで、ぜひ車内を見て回ってほしい。水戸岡鋭治氏のデザインのもと、内装には温もりのある天然木が可能な限り使用され、森の中を散策するような不思議な感覚が体感できるだろう。全8輌のすべてで用途やデザインが異なり、見どころは多い。

「天井は車内の印象を左右するため、水戸岡先生はとてもこだわってデザインされたそうです。この車輌は、伊豆急行の『リゾート21』という列車を改造したものなのですが、もともとの天井にもう一層重ねるようにして、車輌ごとに趣向を凝らした天井が取り付けられています」と、クルーが誇らしげに教えてくれた。

伊豆急下田行きで最後尾となる8号車。本棚やデスクが配置され、落ち着いた雰囲気だ。運転席越しに展望が広がる。

絶景車窓を見ながらラストスパート！

ヴァイオリンやピアノの生演奏が列車旅を盛り上げる。ピアノは、5、6、7号車に設置されている。

伊豆の味をたっぷり詰め込んだ料理は、旬の食材を使用しているので、時期によりその内容は変わる。プレミアムな車内で味わう料理の味は格別だ。

3号車のマルチカーでは、季節ごとにさまざまな企画を実施。3～4月には、雛壇の両脇に手作りの人形をつるすことで知られる伊豆稲取の「雛のつるし飾り」で彩られる。

車内には、伊豆の伝統工芸品や名産品を展示したギャラリースペースもある。

伊豆急行線の沿線では、地元の人々や駅員たちが旗を振ってお出迎えしてくれる。

青く煌めく相模灘を見ながら、ロイヤルブルーの「ザ・ロイヤルエクスプレス」が橋梁を駆け抜ける。

伊東を過ぎて伊豆急行線内に入ると、列車はゆっくり走る。海岸に近づくポイントでは、列車は一時停車してくれる。

旅の最後には、クルーから土産が贈られる。取材日は、静岡県下田市の高橋養蜂のはちみつセットだった。伊豆をよく知るクルーが選んだ土産は、乗客にも大好評だ。

伊豆急下田駅の待合室も、木の温もりが感じられるイスとテーブルを設置。「ザ・ロイヤルエクスプレス」のイラストが描かれた垂れ幕が目を引く。

料理、音楽、絶景……
五感が満たされる旅を満喫

　車内で提供される料理は、先述の通り、洋食、和食、フレンチのいずれか。どれも静岡や伊豆の食材がふんだんに盛り込まれた本格的なコース料理で、地元の素材の調理方法を知り抜いた有名店の料理人たちが監修している。3種類とも魅力的なコースなので、リピーターにはうれしい。

　絶品料理に華を添える形で、ヴァイオリンとピアノの生演奏が流れる。この列車のテーマ曲は、音楽演出を担当しているヴァイオリニスト・大迫淳英氏がプロデュースしており、コンサートなどとは一味違った響きが乗客を癒す。取材日では、ちょうどこの日が誕生日

だった乗客のためにバースデーソングが演奏され、感激した乗客が涙をこぼす一幕も見られた。

　列車は伊東駅でいったん停車。ここからは伊豆急行線を走るため、運転士もJRから伊豆急行の運転士にバトンタッチする。ここを過ぎると、車窓にはキラキラと青く煌めく相模灘が時折映し出され、乗客たちから歓声があがる。晴れた日には海の向こうに伊豆大島が見える区間もあり、絶景スポットで一時停車のサービスも実施される。

　終着の伊豆急下田駅が近づくと、ツアー終了となる「食事付きプラン」の乗客に対して、クルーが乗車記念の土産を手渡しながら回る。およそ3時間の列車旅はあっという間で、まだまだ乗車していたいと思うだろう。

　「食事付きプラン」は伊豆急下田駅で解散だが、「クルーズプラン」ではここから伊豆エリアの観光がスタート。乗車中にすっかり打ち解けたクルーの先導のもと、ハイヤーや専用バスなどに乗り継ぎ、伊豆の歴史や自然を堪能するプログラムを楽しむ。夜は伊豆を代表する旅館・ホテルで、温泉に浸かりながら疲れを癒す。

　豪華列車の代名詞「ななつ星in九州」と比べても、その違いは寝台設備がないので車中泊ができないくらいで、豪華さでは決して劣らない。しかも、片道乗車の「食事付きプラン」のような手軽でリーズナブルな価格プランも用意されており、「ザ・ロイヤルエクスプレス」は幅広い利用が見込まれるクルーズトレインといえるだろう。

列車誕生までの現場を見守ったからこそ愛着は格別なものです

心のこもった車内サービスも、「ザ・ロイヤルエクスプレス」の特徴の一つ。
この列車のために集められたクルーは、おもてなしの精鋭軍団だ。
おもてなしにかける想いや、列車の魅力を、2人のクルーに聞いた。

PHOTO：川井 聡　TEXT：林 いくこ　　　　　　　　※2018（平成30）年2月取材

東急
森 悠佳 さん
(もり はるか)

東急
坂田 綾子 さん
(さかた あやこ)

**運転士からホテルマネージャーまで
多様な経歴のクルーが集結！**

森「ザ・ロイヤルエクスプレスは、旅が始まる前からお客様が期待で胸いっぱいにされる特別な列車。その想いに応えられるよう、まずは笑顔でお出迎えしています」。

坂田「"ロイヤル"の名に相応しい品位を持ちつつ、温かみのあるサービスを心がけています。クルーごとにお客さまの担当を割り当てているので、お客さま一人ひとりの様子を気にかけ、その要望に沿ったサービスができるのも特徴の一つです」。

森「私はもともと東急電鉄の駅務員の仕事をしていたため、接客サービスは未経験でした。クルーとしての乗務が決まってから、まずホテルのレストランなどでサービスの研修を受けて猛特訓しました。車輌がまだできあがる前から、完成図とにらめっこして車内と同じテーブルの配置でシミュレーション訓練も行い、回送車輌での振動がある中での訓練も繰り返しました」。

坂田「車内でサービスを担当するクルーは、さまざまな経歴の持ち主たちが集まっています。ホテルやレストランに勤めていたサービスのプロだけでなく、万一の運行トラブルに備え、駅係員や乗務員経験者も採用しています。私は東急の車掌や運転士などの仕事をしていましたし、伊豆急行の運転士から転身した人間もいます。クルーの年齢も幅広く、最年長は元ホテルのマネージャーだった50代の男性、最年少は新規採用の20歳の女性です。年齢や経歴に幅をもたせ、さまざまなニーズに対応するという狙いがあります」。

森「お客さまの中には、改装前の『リゾート21』に愛着をもった方もいます。かつての車内について話をうかがい、逆に私たちが教えられることもあります」。

坂田「お客さまが料理や車内の設備、沿線の観光スポットなどに興味を持っている様子なら、そのお客さまそれぞれにクルーがご案内するようにして、きめ細やかなサービスを心掛けています」。

森「私たちクルーは、ザ・ロイヤルエクスプレスの改装中から、完成を見守ってきました。現場の職人さんにお茶をお出しするのは私たちの役目で、その際にねぎらいの一言をメモで添えたり、また作業のこだわりについてうかがったりしたのもよい思い出です。ですからこの車輌に愛着を感じています。鮮やかなブルーの外装や、1輌ずつ趣向を凝らした内装など見どころ満載で、自慢の車輌になりました。その最高の舞台で、お客さまに特別な時間を過ごしていただくためのお手伝いを、クルー一同が務めさせていただきます」。

坂田「ぜひ、ザ・ロイヤルエクスプレスという特別な時間を体験ください」。

フレンドリーな接客姿勢は、乗客にも好評だ。

豪華列車の世界観を表現したカフェ
ザ・ロイヤルカフェ ヨコハマ バイ モンテローザ

旅のオープニングを飾る
ロイヤル空間が広がるカフェ

店内のデザインは、「ザ・ロイヤルエクスプレス」の車輌デザインを担当した水戸岡鋭治氏が担当。細部にも列車の世界観が表現され、懐かしくも新しい空間が広がる。素材にこだわって作る「ザ モンテローザ 〜ショートケーキ〜」（825円）などの絶品スイーツや、こだわりの焙煎豆から淹れるハンドリップコーヒーが味わえる。「ザ・ロイヤルエクスプレス」の雰囲気を知りたければ、まずはココに足を運んでみるのもいいだろう。なお、列車の運行時は、乗客のための出発ラウンジとなり、貸切となるため一般客は利用できない。

店舗の奥には、「ザ・ロイヤルエクスプレス」の乗客専用の「ザ・ロイヤルラウンジ横浜」がある。

Information
- 🏠 神奈川県横浜市西区南幸1-1-1 東急東横線横浜駅地下2階（南北連絡通路）
- ☎ 045-628-9750
- 🕐 9：00 〜 19：00（L.O.18：30）
- 休 無休（年末年始を除く）
- ※「ザ・ロイヤルエクスプレス」運行日は貸切となる場合あり

木材を使用した独特の空間が広がる。

ザ・ロイヤルエクスプレス
車内で味わえる
絶品料理

2023（令和5）年5・6月の「食事付き乗車プラン」で提供される3種類のコース料理を紹介。
いずれも伊豆や静岡の素材をふんだんに使用している。

■ 洋食コース料理
静岡と東京に店を構える洋食店「旬香亭」が監修。自然豊かな伊豆半島の海の幸・山の幸を存分に使用し、旬香亭らしい新しくも懐かしい洋食が、美味しく、枠にとらわれない形で提供される。

■ 和食コース料理
1日1組限定の中伊豆の創作和食料理の名店「羅漢」の加藤敦子氏が、車内で心のこもった料理を提供する。食材の盛り付けにこだわり、移ろう季節を表現した絵画のような盛り付けは見ても食べても楽しめる。

■ フレンチコース料理
伊豆高原の一軒家フレンチレストラン「エルマイヨン」が監修。クラシックをベースに日本の旬と食材を大切にしつつ、フランス料理の奥深さを表現した。美しさと巧みな技術が重なる本格派フレンチを堪能しよう。

ザ・ロイヤルエクスプレス
車輌・客室ガイド

7号車

対面式の2人用の席のほか、鉄製の装飾で仕切られた対面式の4人用ブースが2つある。4人用ブースは半個室のような雰囲気で、家族連れに最適。

チーク材をメインに使用した内装は、8号車よりも明るい雰囲気。天井はカーブを描く。

5号車

ウォールナット材を使用した落ち着いた雰囲気。対面式の2人用の席だけでなく、組子細工の壁で仕切られた半個室風のブース席も用意されている。

「電鋳」という技術で製作された黄金のパネルが輝く"金のトイレ"は、5号車にしかない。

←横浜　**8号車**　　**7号車**　　**6号車**　　**5号車**

8号車

6号車

運転席寄りは、正面ではなく通路に向かって、大きなソファが左右3つずつある。ライブラリーも備えられた"図書席"になっている。この座席はだれでも使用できるパブリックスペース。

書斎として利用できるデスク付きのライブラリー。山型の天井は、広がりを感じさせる。

組子などの伝統工芸やステンドグラスを散りばめた明るく贅沢な空間。座席はすべて2人掛け。車輌の真ん中にピアノがあり、生演奏を聞きながら食事を味わえる。

天井にはステンドグラスが輝く。奥のカウンターではにぎり寿司が振る舞われることも。

式典で挨拶する水戸岡鋭治氏。車輌だけでなくロゴやクルーの制服などすべてのデザインを担当した。

木材を使い分けたこだわりの車輌にはさまざまな仕掛けが随所に

　この列車は、伊豆急行の「リゾート21」を改造して作った。改造前の車輌にあった、階段状の展望室や海に向いた座席といった特徴は生かしつつ、まったく新しいラグジュアリーな列車となっている。

　水戸岡鋭治氏がデザインした観光車輌は数多くあるが、首都圏を起点にする列車はこれが初。「美しさ、煌めく 旅。」をコンセプトに、8輌とも木材を多用した"水戸岡ワールド"全開の空間が広がる。そのこだわりぶりは、8輌のすべてで質感が異なる木材を使用している点にも見られる。

　1号車は、カエデ科のホワイトシカモアという木材が用いられ、明るい雰囲気を演出。これに対して8号車は、「大人の空間」を演出するため、ローズウッドなどを用いて落ち着いた

伊豆の海を写し取ったかのような鮮やかなブルーをまとう「ザ・ロイヤルエクスプレス」。
日本の繊細な職人の手による工芸品で彩られ、その美しさは列車の中とは思えないほど。
「美しさ、煌めく 旅。」に、この豪華列車で出かけよう。

TEXT：西村海香　photo：川井 聡　坪内政美　東急

ロイヤルブルーの車体に、ゴールドのラインを
まとって気品ある雰囲気を漂わせる。

3号車 マルチカー

結婚式や展覧会など多目的に使えるスペース。イベントに合わせてイスとテーブルを移動できる。オリジナルグッズを扱うカウンターも設置されている。

天井には「THE ROYAL EXPRESS」のエンブレムを象った金属工芸品が（上）。組子細工（下）も見事。

1号車

内装にはメープル材を使用。運転席すぐうしろの展望室には、前向きの2人掛けシートや海側に向いた2人用席を配置。

ゴルフボールほどの大きさの、木でできたボールで満たされた"木のプール"。

4号車　　3号車　　　　2号車　　　　1号車　伊豆急下田→

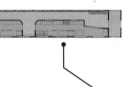

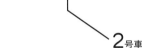

4号車 キッチンカー　　　　　　　2号車

1輌のほとんどをキッチンスペースに使用した珍しい車輌。カウンターの奥でシェフたちが腕を振るう。カウンター（写真）から料理がサーブされる。

海側は通路で、壁面は絵画などで彩られている。座席は設置されていない。

家族や友人と利用したい、ウォールナット材を使った落ち着いた色調の2号車。1号車寄りには、海側は2人用、山側は4人用の席が並ぶ。

海側に向いている2人用席。海側には1人掛けのイスが2つ、山側は2人掛けのシートが並ぶ。

印象に仕上げた。
　「誰もが心豊かに幸せになれる公共の空間を提供すること」が水戸岡氏の思いで、ただ豪華さを追求しているわけではない。伝統的な素材を職人の技で美へと昇華させた空間には、乗客やクルー、地元の人々との間に、自然とコミュニケーションを促す仕掛けが用意されている。なお、2023（令和5）年6月現在、利用は中学生以上に限られている。

転倒しないよう、テーブルやイスは床面に固定されている。

1号車にはウミガメのキャラクターもあちこちに。

伊豆を盛り上げるための
会社の枠を越えた
一大事業になりました

東急と伊豆急が共同運行する「ザ・ロイヤルエクスプレス」。
横浜〜伊豆急下田間を走るこの観光列車の運行が実現するまでには、
数々のハードルが立ちはだかった。
立ち上げからの担当者にそのウラ話を聞いた。

text:林 いくこ 　　　　　　　　　　※2018（平成30）年2月取材

東急電鉄
熊野次朗 さん

2004（平成16）年、東急電鉄入社。駅係員から運行ダイヤ作成、車輌の点検整備などの業務を経て、2014年に鉄道事業本部事業戦略部に配属。「ザ・ロイヤルエクスプレス」の開発に携わる。

鉄道三社の協力体制をとる
全国でも希有な運行の実現へ

　伊豆急・東急がタッグを組んだ「ザ・ロイヤルエクスプレス」は、もとを辿れば1953（昭和28）年、当時東急の会長だった五島慶太氏が伊豆観光開発構想を打ち出し、伊豆に鉄道を建設しようとしたことにさかのぼります。1961（昭和36）年の伊豆急全線開通後は、景気の上昇に伴って伊豆は盛り上がりますが、バブル崩壊後に観光客数は大幅に減り、乗降客数も下降の一途。そのため2011（平成23）年の伊豆急50周年を機に、伊豆を活性化させるための組織が東急社内で発足し、さまざまな取り組みを経て、2014（平成26）年秋、活性化の起爆剤として伊豆に観光列車を走らせる構想がスタートしたのです。

　大きな課題は2つ、運行区間と車輌にありました。

　多くのお客さまを伊豆に呼ぶためには、伊豆急線内から首都圏の駅と直結するルートが絶対条件。そこでJR東日本へ協力の打診をしつつ、JR線と伊豆急線を直通できる車輌について検討しました。

　使用車輌は、新規製造を含めたいくつかの案の中から、最終的には1980（昭和55）年デビューの伊豆急の「リゾート21」に目を付けました。すでにJR東京駅への乗り入れ実績があるので、保安装置などはそのまま残しつつ、大幅な改装を施す方向で方針を固めた

のです。車輌デザインを水戸岡鋭治先生にお願いしたのは、車輌や駅舎などのさまざまな"デザイン"の力で地域を活性化させたいという先生の想いと、この列車により伊豆を活性化させたいという当社の想いが合致したことによるものです。

　運行区間は、伊豆側の起点は伊豆急下田駅として、首都圏側については東京駅や品川駅などさまざまに検討を重ねました。東急線との直通も検討しましたが、コストなど多くの課題があり、断念しました。横浜駅に決めたのは、東急にとって重要な玄関口の一つであり、ペリー来航により開港の町となった下田と横浜には、歴史的なつながりがあるからです。

　基本的な構想が整ったところで、JRとの協議も本格化しました。運行ダイヤやオペレーション、技術面など多くの調整が必要でした。またJRでは、すでに首都圏と伊豆を直結する特急「スーパービュー踊り子」（2020年からは特急「サフィール踊り子」に置き換え）を運行させ、伊豆への観光輸送を担っていました。そのため、客層やコンセプトの違い、伊豆へのアクセスの多様性で乗客を惹きつけることができることなどの魅力を挙げ、粘り強く協議を続けました。

　最終的にこの事業が実現できたのも、伊豆を盛り上げていきたいという共通の願いがあってこそ。その想いが、伊豆急、東急、そしてJRの3社を結びつけました。

「THE ROYAL EXPRESS」
車両お披露目セレモニー

2017（平成29）年7月15日に開催された車輌お披露目セレモニー。東京急行電鉄取締役社長（当時）の野本弘文氏や
伊豆急行取締役社長（当時）の小林秀樹氏、水戸岡鋭治氏らが参加した。photo：坪内政美

徹底的なこだわりの末に誕生した
ザ・ロイヤルエクスプレスの車輌

ザ・ロイヤルエクスプレスの車輌は、1993（平成5）年に製造された「アルファ・リゾート21」という、リゾート21の5次車を改造したものです。リゾート21では、海側の眺望を楽しむために海側の座席を海に向けて配置し、山側の座席は一段高くして景色が見えやすい構造になっています。ザ・ロイヤルエクスプレスでは、利用する側・運用する側の双方にとって「楽しく」「使いやすい」車輌にするため、この段差をなくしました。さらに床や天井を取り払い、調理のための水回りの確保を行う大改造となりました。

2016（平成28）年10月、改造工事を行うため、伊豆急伊豆高原駅の車輌工場から、東急の車輌工場のある長津田駅まで車輌を運びこみました。早々に問題となったのは、それまでの改修などで製造時の設計図とあちこちが異なっていたこと。実際の電気関係の配線を1本1本確認しながら、作業は6カ月続き、日本全国の職人たちによる天井や床、家具などの設置作業でも悪戦苦闘になることがしばしば。2017（平成29）年5月初頭には基礎部分の工事を終えた車輌が、再び伊豆高原へ戻りました。その時、外観はこの後の塗装のために真っ白。内装の仕上げも施工前で、「2カ月後にこの車輌は本当に走るのだろうか」と思うような姿でした。

伊豆高原の車輌工場では、夜を徹しての仕上げ作業が続きました。最多で120人が同時に作業にあたる光景は、まさに総力戦。車体をブルーに塗装したのも1輌ずつ手作業で、それを手で磨いて仕上げ、妥協はしませんでした。

6月末に無事に車輌が完成。ここから、伊豆急とJRの運転士が参加し、試運転などの準備をこなしました。車内サービスを担当するクルーも実車輌に乗車しての訓練を実施。そして7月21日、営業初日を迎えました。

当日、伊豆急下田駅で列車から降りたお客さまの満ち足りた笑顔があり、「いい旅だった」「とても楽しめた」と言ってくださったことがこの数年間で最も嬉しかったことです。

しかし営業開始はゴールではありません。たとえば、伊豆急下田駅付近にある寝姿山の下田ロープウェイ山頂部に、水戸岡先生のデザインで展望レストランが2019（令和元）年にオープンしました。地元の方々と協力し、ザ・ロイヤルエクスプレスをきっかけとして伊豆の活性化に取り組みたいと思っています。

改造工事を受ける伊豆急の「アルファ・リゾート21」。車輌はまだブルーに塗装されていない。photo：東急

伊豆急下田駅前と寝姿山山頂を結ぶ下田ロープウェイ。「ザ・ロイヤルエクスプレス」のイメージと合わせた"ロイヤルブルー"のゴンドラが映える。

2019（令和元）年にオープンした寝姿山山頂の「ザ・ロイヤルハウス」。水戸岡鋭治氏が設計・デザインしており、レストラン、観光交流施設で構成されている。
photo：東急

ザ・ロイヤルエクスプレス 乗車案内

【チケット】

ツアー専用の旅行商品として販売され、乗車券・特急券の販売はない。主に、往復の移動と伊豆での観光・宿泊がセットになった「クルーズプラン」と、片道（横浜→伊豆急下田）乗車の「食事付き乗車プラン」の2種類がある。このほか、通常ルートとは異なる「特別プラン」も運行される。申し込みは専用WEBサイト、あるいは郵送にて、出発日のおよそ1～2カ月前から発売される。申し込み多数の場合は抽選となる。

【運転】

横浜～伊豆急下田間

（特別プランを除く）

【料金】

2023（令和5）年5・6月の「開国港街 下田クルーズプラン」で、17万1000円～（朝食1回、昼食2回、夕食1回）。「食事付き乗車プラン」は3万9000円（昼食1回）。

【問合せ】

ザ・ロイヤルエクスプレスツアーデスク

（☎03-6455-0644）

最新情報は専用ホームページで

【クルーズプランの例】

開国港街 下田クルーズプラン

（2023年5・6月）

1日目

ザ・ロイヤルラウンジ横浜（ウェルカムセレモニー）→JR横浜駅発→ザ・ロイヤルエクスプレスで昼食（洋食コース料理）→伊豆急下田駅着→ハイヤーや専用バスで移動（選択プラン ①下田エリアフリー観光 ②お宿ゆっくり）→宿泊

2日目

ハイヤーや専用バスで移動→伊豆急下田駅着→ザ・ロイヤルエクスプレスで昼食（こうげん寿し）→伊東駅着→サフィール踊り子（グリーン車）乗車→JR横浜駅着→ザ・ロイヤルラウンジ横浜（解散）

【オリジナルグッズ】

CD「THE ROYAL EXPRESS」（2000円）

中原達彦氏が作曲したロイヤルエクスプレスのテーマ曲をまとめたCD。車内の生演奏で耳にした曲を自宅でも楽しむことができる。演出を手掛けた大迫淳英氏が乗車していれば、サインをもらえることも。

そのほか、クリアファイル、シール、ボールペン、ピンバッチ、コースターなどのオリジナルグッズを車内で購入できる。

伊豆観光の主な見どころ

龍宮窟

波の浸食によってできた海の洞窟。ぽっかりと開いた天井穴から光が差し込むと、海が煌めいて神秘的な光景が広がる。

ペリーロード

黒船で幕末に来航したペリー一行が、交渉を行う了仙寺に向けて実際に歩いた道のり。なまこ壁の古い街並みが残り、レトロな雰囲気の店が並ぶ。

＼ これも注目！ ／

ザ・ロイヤルエクスプレス ～北海道クルーズトレイン～

　普段は首都圏と伊豆方面を結んで走る「ザ・ロイヤルエクスプレス」だが、夏季には北海道へ車両ごと運び、北海道各地をめぐるクルーズ列車「ザ・ロイヤルエクスプレス ～北海道クルーズトレイン～」として運行される。北海道胆振東部地震で被災した道内の観光振興などを目的に、2020（令和2）年夏に運行されたのがスタート。以後も毎年夏に運行され、23（令和5）年で4回目となった。

　23年は7～9月に9回運行。いずれも札幌駅発着で、ホテルでの宿泊や観光などを含む3泊4日の行程となり、車内での食事は地元の料理人が手掛ける。宗谷本線を北上し、日本最北端の地・稚内へ向かうプランもある。料金は約100万円と高額だが、例年は発売すると即完売になるという。

　「ザ・ロイヤルエクスプレス」は架線からの電力を動力源とする電車であるのに対し、北海道には非電化区間が多い。そのた車内の電力をまかなうための電源車も連結する。

日本のグルメ列車

オールカタログ

PHOTO：川井 聡、坪内政美　TEXT：遠藤則男、編集部

本カタログの見方・使い方

車内で料理を楽しめる全国の観光列車・企画列車を掲載。
運行情報などは2023（令和5）年5月時点のものに基づく。
完全予約制の列車も多いので、お出かけの際には各鉄道会
社のホームページなどで必ず確認を。

1 → JR東日本

2 → **TOHOKU EMOTION**
（東北エモーション）

4 → 絶景
　　★★★

5 → 施設
　　★★☆

三陸の海が美しい八戸線を走るレス
トラン列車。東北の食と絶景が堪能
できる人気列車としてすっかり定着
している。予約はお早めに。

3

①鉄道会社　②列車名　③特徴や要注意ポイントなど
④どのくらい車窓風景が楽しめるかを3段階で表示
⑤車内施設の充実度を3段階で表示（豪華列車と呼べるも
のには星3つ、簡素でシンプルなタイプの列車は星1つ）

グルメ列車
利用のポイント

POINT 1
乗車の前後を含めた
旅のトータルプランを守るべし

無計画だったり、余裕のないプランだったりすると、グルメ列車に乗り遅れることもあるだろう。グルメ列車はローカルエリアで運行されることが多く、列車1本乗り遅れただけで旅のプラン全体が大きく狂ってしまう。計画通りに行動することが大切だ。

POINT 2
車内での食事は
事前予約制であることが多い

乗車券と指定席券・特急券などで乗車できるグルメ列車の場合、食事はオプションサービスとしていることが多い。しかも事前予約制で、早ければ乗車日の10日ほど前に予約が締め切られてしまうこともある。早めに予約を入れよう。

POINT 4
宿泊や観光を含めた
旅行代理店のプランも

主要な旅行代理店では、グルメ列車の利用とホテルや旅館での宿泊をセットにした旅行商品を取り扱っていることも多い。個人で手配するよりも安上がりで手間がかからないこともあるので、積極的に検討しよう。

POINT 3
美しい車窓を楽しむためには
早めの予約が必須

座席が進行方向の右側か左側かで、車窓の雰囲気が大きく変わることもある。大海原を望む絶景が楽しめる列車の場合は、海側の座席が人気で、予約も海側から埋まる。人気座席を確保するには、発売開始後すぐに予約を入れるのが絶対条件といえるだろう。

POINT 5
特典やサービスに
注目しよう

観光スポットの入場割引や、商業施設での買い物の割引、さらに1日フリー乗車券などのオマケがあることも少なくないので、グルメ列車を降りた後も沿線を旅しよう。なお、こうした特典・サービスは、利用した当日のみ有効というのが通例である。

JR東日本
TOHOKU EMOTION
（東北エモーション）

絶景
★★★
施設
★★

三陸の海が美しい八戸線を走るレストラン列車。東北の食と絶景が堪能できる人気列車としてすっかり定着している。予約はお早めに。

車輌は、キハ110系気動車を改造。種差海岸や蕪島などのビュースポットで、スピードを落として走行する。

料理やアート、風景もご馳走！
行きはランチ、帰りはデザートを

3号車のオープンダイニング。内装には、東北の伝統工芸品をモチーフにしたデザインがちりばめられている。

information

【チケット購入】 全座席が食事と乗車券がセットになった旅行商品。「のってたのしい列車」予約サイトや主な旅行会社などで、運行日の4日前まで発売（大人1人を含む2人以上で申し込み可）。
【運転】 八戸〜久慈間で、月・金・土・休日を中心に1日1往復。
【料金】 往路（久慈行き）の「ランチコース」は大人9500円、小人8900円。復路（八戸行き）の「デザートブッフェコース」は大人5600円、小人5000円（八戸〜久慈間／1号車の個室車輌は、片道1室あたり3600円別途かかる）。

2023（令和5）年7〜9月の往路（久慈行き）のメニューの例（イメージ）。料理は、首都圏や東北のシェフが監修し、担当シェフが年2回替わる。

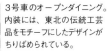

車内のキッチンで調理された
作りたての料理を提供

食、アート、景色などの魅力を堪能できる列車。イタリアンレストランをイメージした石積みの模様の車体で、「走るレストラン」をイメージしている。3輌編成で、1号車にはコンパートメントタイプの個室車輌が配され、個室（定員4人）が7室並ぶ。2号車にライブキッチンスペース、3号車にオープンダイニングを完備している。

この列車の最大の魅力は、車内のキッチンで作られた出来たての料理が味わえること。往路（久慈行き）の「ランチコース」ではコース料理、復路（八戸行き）の「デザートブッフェコース」ではデザートとオードブルが提供される。人気シェフによる東北の食材をふんだんに使ったオリジナル料理は本格的だ。

車内には、岩手の「南部鉄」、宮城の「雄勝硯」、福島の「刺子織」など、東北各地の伝統工芸をモチーフにしたインテリアが並ぶ。東北のアートとの出会いも楽しい。

前菜

メインディッシュ

魚料理

プティ・フール

JR東日本
（かいり）
海里

絶景
★★
施設
★★

新潟の老舗料亭の料理などが味わえる観光列車。日本海の景勝地「笹川流れ」の付近では、徐行運転のサービスがある。

4輌編成で運行。車体を彩る赤と白のグラデーションは、夕日と新雪をイメージしている。

日本海の大海原を眺めながら 新潟・庄内の食を味わう

information

【チケット購入】　4号車は、食事と乗車券がセットになった旅行商品。「のってたのしい列車」予約サイトで、運行日の4日前まで発売。1・2号車は、乗車券と指定席券を購入すれば利用可。
【運転】　新潟～鶴岡・酒田間で、金・土・休日を中心に1日1往復。
【料金】　4号車は、往路（下り）は大人1万6400円、小人1万4800円、復路（上り）は大人1万2800円、小人1万1600円（新潟～酒田間／4～9月）。

旅行商品専用車輌の4号車。2人掛けと4人掛けの座席を備えたダイニングになっている。

グルメを堪能するなら4号車で

　日本海沿いの新潟～鶴岡・酒田間を走る「海里」は、大海原を車窓に見ながら、新潟や庄内の食を堪能できる。

　列車は4輌編成。1・2号車は、乗車券と指定席券で乗車できるのに対し、4号車は食事付きの旅行商品として販売される。列車旅を堪能するなら、こちらがオススメだ。

　食事の内容は、往路（下り）・復路（上り）で異なる。新潟発の往路では、新潟を代表する料亭が腕によりをかけた料理が味わえる。酒田・鶴岡発の復路では、庄内の食材を熟知する地元のイタリアンレストラン特製の料理が用意されている。いずれも創業100年を超える新潟の老舗「大橋洋食器」が手掛けた海里オリジナルの器や食器が添えられ、料理を引き立てる。食前食後に好みの地ビールや地酒が選べるドリンクサービスがあるのもうれしい。

　1・2号車の利用でも、海里特製の弁当が事前予約で購入できる。3号車の売店では、海里オリジナルグッズや地元の銘菓などがそろう。

往路の食事メニュー（イメージ）。新潟の老舗料亭が手掛ける（写真は「一〆」）。

JR東日本

越乃Shu＊Kura
（こしの）（シュ）（クラ）

絶景　　新潟の地酒の利き酒や地元食材に
★★☆　こだわったつまみを用意。列車を味
施設　　わい尽くすなら、食事・ドリンクが
★★☆　セットの1号車を予約しよう。

車体のベース色である青みを帯びた黒は、伝統色の「藍下黒」。これに白を組み合わせ、凛とした「新潟の風土」をイメージ。

日本海の絶景を見ながら
新潟の銘酒をジャズとともに

information

【チケット購入】　1号車の全座席が旅行商品の「お食事つきプラン」。「のってたのしい列車」予約サイトや主な旅行会社などで、運行日の3日前まで発売。3号車は、乗車券に加えて指定席券を購入すれば利用可。

【運転】　運転日により、上越妙高～十日町、上越妙高～越後湯沢、上越妙高～新潟のいずれかを運行。3～11月の金・土・休日を中心に1日1往復。

【料金】　1号車　大人8800円、小人5400円／3号車　大人2850円、小人1680円（いずれも上越妙高～十日町間）

2号車では、生演奏が楽しめる。カウンターでは、日本酒呑み比べ（右上）や、グッズの購入などができる。

利き酒と生演奏を楽しむ

　新潟が誇る「地酒」をテーマにした観光列車。上越妙高～十日町間の「越乃Shu＊Kura」が基本で、このほかに上越妙高～越後湯沢間の「ゆざわShu＊Kura」、上越妙高～新潟間の「柳都Shu＊Kura」（りゅうと）が運行される。

　3輌編成で、1号車と3号車に客席を配置。1号車は、ツアー専用の「お食事つきプラン」で、沿線各地の食材を調理したおつまみと列車オリジナルの地酒がセットになった「基本コース」と、酒が飲めない「ソフトドリンクコース」が選べる。おちょこ、巾着などのプレゼントが付く。一方の3号車は、乗車券と指定席券で乗車でき、振る舞い酒のサービスがある。

　2号車のイベントスペースでは、地元ミュージシャンによる生演奏が披露される。酒樽風のスタンディングテーブルでは、試飲サービスや銘酒の利き酒（有料）を楽しめる。

　「日本一海に近い駅」として人気の青海川駅（おうみがわ）では、往路は6分、復路は22分間停車するので、日本海の絶景を楽しもう。

1号車は展望ペアシート、らくらくボックスシートなどを配置。テーブルは広々としている。

JR東日本
フルーティアふくしま

絶景	★★☆	福島の人気店プロデュースのスイーツが味わえる列車。会津漆器の質感をイメージさせる内装が随所に見られ、上質な雰囲気を演出する。
施設	★★☆	

719系電車を2014（平成26）年に改造。赤瓦や黒漆喰壁と西洋モダンがミックスしたデザインは、福島独特の文化を表現している。
PHOTO：JR東日本東北本部

オシャレなカフェ列車で
旬の食材を使ったスイーツを楽しむ

information

【チケット購入】 全座席が乗車券とセットになった旅行商品の「スイーツセット」として販売。「のってたのしい列車」予約サイトや主な旅行会社などで、運行日の3日前まで発売。
【運転】 郡山～喜多方間（磐越西線）、あるいは郡山～仙台間（東北本線）で、土・休日を中心に1日1往復。
【料金】 大人6400円、小人5200円（郡山～喜多方間）

会津の大自然が演出する
優雅なティータイム

桃・梨・ぶどう・りんごなど、さまざまな果物に恵まれた"フルーツ王国"福島県を走る観光列車。列車名は「fruit（フルーツ）」と「tea（お茶）」を組み合わせて命名された。

2輌編成で、定期列車（普通または快速列車）に連結して運行される。1号車にはカフェカウンターや、福島のおみやげなどを販売する売店を設置。車端部には誰でも利用できるカウンター席も用意されている。

2号車は、客室スペース。テーブル付きのボックスシート（2人用と4人用）などが配置され、お洒落なカフェのような雰囲気だ。車内で提供される料理は、福島の人気店がプロデュースしたオリジナルスイーツ（2品）。コーヒーなどのドリンクも付く。

主に東北本線か磐越西線を運行。安達太良山や会津磐梯山などの自然豊かな車窓を眺めながら、優雅なティータイムを楽しめる。2023（令和5）年12月に運行終了となるため、さまざまなイベントが予定されている。

左／ボックスシートと1人掛けシートが並ぶ2号車。窓に向かって座席が設置されている。
右／1号車のカフェカウンターでは、お菓子や飲み物を販売。会津塗をイメージした赤が鮮やか。

福島の旬のフルーツを使った「スイーツセット」。月ごとに料理の内容は変わる。
PHOTO：JR東日本東北本部

車輌デザインは、「トランスイート四季島」なども手掛けた奥山清行氏が率いる「KEN OKUYAMA DESIGN」が担当。沿線にはオーシャンビュースポットが点在する。

伊豆の海を見ながら
列車限定のスペシャル料理を堪能

information

【チケット購入】 乗車券のほかに特急券、グリーン券が必要。えきねっと、みどりの窓口、主な旅行会社などで運行日の1カ月前から発売。
【運転】 東京〜伊豆急下田間で、毎日1往復。
【料金】 東京〜伊豆急下田間の場合、プレミアムグリーン車は大人1万2460円、グリーン個室（1〜4人）は大人1人あたり1万60円〜、グリーン車は大人1万60円（すべて通常期）。

1+1列の座席配置のプレミアムグリーン車。車体側面の上部には天窓が設置され、ダイナミックな車窓が堪能できる。
photo：JR東日本

プレミアムグリーン車や
カフェテリアを備えた豪華特急

2020（令和2）年3月に運転を開始した特急「サフィール踊り子」。サフィールは、フランス語でサファイアを意味する。伊豆の海、空をイメージして命名された。

全8輌編成で、4号車のカフェテリアを除く全座席がグリーン車か、さらに格上のプレミアムグリーン車。プレミアムグリーン車は1号車に設定され、1+1列の配置でゆとりある空間を確保した。2・3号車には1〜4人用と1〜6人用のグリーン個室、5〜8号車が

グリーン車というラインナップだ。

カフェテリアでは、小田原出身のミシュラン1つ星シェフが監修したサフィール踊り子限定のメニューが味わえる。伊豆産フレッシュトマトのスパゲティ（1250円）をはじめとする絶品料理に、クラフトビールなどの各種ドリンク、オリジナルジェラートが注文できる。カフェテリアの利用は事前予約制で、専用サイト「サフィールPay」から予約を入れる（状況によって当日車内での予約も可）。

サフィール踊り子限定メニューの「伊豆産フレッシュトマトのスパゲティ」。沿線で仕入れたトマトの甘味と酸味がたまらない。photo：JR東日本

JR東日本
ハ イ レ ー ル
HIGH RAIL 1375

絶景	
★★★	八ヶ岳や南アルプスを望む山岳展望
施設	路線・小海線の観光列車。夜間運
★★☆	行の列車では、野辺山駅で途中下車
	し、星空観察会が開かれる。

沿線にそびえる八ヶ岳などの山々や、空に輝く星をイメージ
してデザイン。オリジナルヘッドマークをつけて運行している。

天空にいちばん近い列車で
空と宇宙につながる旅へ

2人掛けのペアシート(上)
やシングルシートが並ぶ1
号車。2号車には、天文関
係の書籍を揃えた「ギャラ
リー HIGH RAIL」(左)も
備える。
PHOTO：JR東日本長野支社

information

【チケット購入】 乗車券のほかに座席指定券が
必要。「のってたのしい列車」予約サイトや主な
旅行会社などで運行日の1カ月前から発売。※
JRE MALL「ネットでエキナカ」で事前予約す
ると、車内で特製弁当が提供(予約は運行日の4
日前まで／HIGH RAIL「1号」と「星空」のみ)。
【運転】 小淵沢〜小諸間で、土・休日を中心に
1日1.5往復(冬季は1往復)。
【料金】 小淵沢〜小諸間の運賃は大人1520
円。座席指定料金は840円(通常期)。

沿線のとれたての野菜を用いた特製弁当。(写真は、
「HIGH RAIL 1号」の小海線高原ブランチ)
photo：JR東日本長野支社

最終便の「HIGH RAIL 星空」では
野辺山で星空観察会を開催

コンセプトは「天空にいちばん近い列車」。
列車名の「1375」は、JR線の最高地点で
ある標高1375m地点(清里〜野辺山間)を走
ることにちなむ。信州でもともと活躍してい
たキハ110形気動車と、岩手からやって来た
キハ100形の2両編成で運行される。

運転は、小淵沢〜小諸間の1日3本が基本。
小淵沢発の「HIGH RAIL 1号」(冬季運休)と
小諸発の「同2号」が昼間の運行なのに対し、

小淵沢発の「HIGH RAIL 星空」は夕方・夜
間帯の運行だ。この列車では野辺山駅で途
中下車し、星空観察会が開催される。

座席は、窓側を向いたシングルシートやペ
アシート、ボックスシートなどを完備。1号
車には物販カウンター、2号車には天文関係
の書籍を揃えた「ギャラリー HIGH RAIL」が
ある。「1号」と「星空」では、事前予約で
特製弁当が提供される。

JR西日本
花嫁のれん

絶景	★★☆
施設	★★★

「和と美のおもてなし」をコンセプトに、車内では伝統工芸品を展示し、北陸ならではの食や添乗サービスで列車旅を盛り上げる。

2輛編成で、定員は52人。輪島塗や加賀友禅をイメージした赤と黒の車体が鮮やかだ。

北陸の伝統工芸をあしらった優美な列車で能登を走る

1号車のエントランス部には、金沢金箔が張られている。2号車（上）には、地元産品の試食・販売などを行うイベントスペースも。
photo：JR西日本

information

【チケット購入】　特急列車なので、乗車券のほかに特急券（全車指定席）が必要。ネット予約サービス「e5489（いいごよやく）」やみどりの窓口、主な旅行会社などで運行日の1カ月前から発売。※車内で提供される食事は、要予約（予約は運行日の4日前まで）
【運転】　金沢～和倉温泉間で、金・土・休日を中心に1日2往復。
【料金】　金沢～和倉温泉間の運賃は大人1410円。指定席特急料金は1490円（通常期）。

七尾出身の世界的パティシェ、辻口博啓氏が監修した「スイーツセット」（写真は夏メニュー）。金沢発の1・3号で味わえる。
photo：JR西日本

石川の味を詰め込んだ食事や
和装アテンダントのサービスも魅力

　「和と美のおもてなし」をコンセプトに、北陸の伝統工芸である輪島塗や加賀友禅をイメージしたデザインの車輛で運行。「花嫁のれん」とは、婚礼の日に贈られる色鮮やかな暖簾のことで、花嫁の幸せを願って北陸地方で行われる伝統文化に由来する。
　1号車には、2～4人用の8つの半個室があり、すべてデザインが異なる。仕切り壁は加賀友禅のオールドコレクション、通路は日本庭園の飛び石をイメージした絨毯（じゅうたん）で彩られている。2号車は、2人または4人用のボックス席と、窓を向いたカウンター席（6席）がある。
　事前に予約すれば、石川県ならではの味覚が味わえる食事が提供される。メニューは、和軽食、スイーツ、おつまみと、運行便により異なる。和倉温泉の名旅館「加賀屋」が監修した和装アテンダントによるおもてなしサービスも魅力的だ。

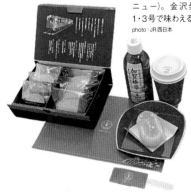

「べるもんた」が氷見線を走る。使用車輌は、城端線と氷見線で使用されているキハ40形気動車の改造車。

職人が車内で握る寿司を味わい
富山湾と北アルプスの絶景を望む

富山湾の見える海側はカウンター席、反対側は4人掛けのボックス席が並ぶ。カウンターではすし職人の仕事ぶりも見られる。

富山のアートで彩られた車内で
絵画のような絶景を楽しむ

　列車名はフランス語で「美しい山と海」を表し、沿線の風景にちなむ。「べるもんた」の愛称で親しまれており、通常は土曜日に城端線(砺波・高岡〜城端)、日曜日は氷見線(高岡・新高岡〜氷見)を、それぞれ2往復する。

　運行は、国鉄時代のキハ40形を改造した気動車1輌のみ。窓枠は額縁風にデザインされ、絵画鑑賞のような気分になれる。車内には富山県南砺市の伝統工芸品「井波彫刻」が展示され、高岡銅器をイメージした吊り革

も特徴的。まるでアートギャラリーのようだ。

　山里をたどる城端線、海岸線を走る氷見線と、両路線にはそれぞれに魅力がある。特に氷見線の雨晴駅付近は、天候がよければ日本海越しに立山連峰を望む絶景が広がり、列車はビュースポットで一時停車する。

　車内での食事や地酒メニューは、専用サイトで事前予約を入れる。すし職人が乗車しており、握りたてのすしが味わえる「ぷち富山湾鮨セット」(2100円)などが人気だ。

鮮度抜群の地魚と富山県産米を使った「ぷち富山湾鮨セット」。すし5貫に、氷見はとむぎ茶が付く。

JR西日本
○○のはなし
まるまる

絶景
★★☆

施設
★★☆

本州最西端の観光列車で、山陰の海岸線の景勝地をたどるように走る。萩、長門、下関など山口を代表する観光地への足として利用したい。

日本と西洋をひき合わせた幕末の歴史になぞらえ、「西洋に憧れた日本（洋）」と「西洋が憧れる日本（和）」をデザインコンセプトとし、1号車は和風、2号車は洋風になっている。

まばゆい山陰の海岸線と老舗料亭の豪華弁当を堪能

information

【チケット購入】 乗車券のほかに座席指定券が必要。ネット予約サービス「e5489（いいごよやく）」やみどりの窓口などで、運行日の1カ月前から。※車内での食事は要予約（3日前まで）
【運転】 新下関～東萩間で、土・休日を中心に1日1往復。
【料金】 新下関～東萩間の運賃は大人1980円。座席指定料金は530円。

ダイナミックな車窓を堪能できるよう、窓枠を極力広げている。ボックス席をのぞき、海側を向いた座席配置としている。

萩、長門、下関……
「はなし」が息づく歴史の町へ

2017（平成29）年8月に登場した山陰本線の観光列車で、運行区間は新下関～下関～東萩間。列車名は、沿線の萩（は）、長門（な）、下関（し）の頭文字をつなげた。この3つの街は幕末志士ゆかりの地であり、日本と西洋を引き合わせるきっかけとなった歴史が息づく。そのため、内装のコンセプトを「西洋にあこがれた日本（洋）、西洋が憧れる日本（和）」とし、2両の車輌で別々のデザインを採用した。

車内には、テーブル付きのボックス席やカウンター席をゆったりと配置。イベントスペースでは、地元の観光アテンダントなどによる観光PRや特産品プレゼントなどが行われる。

車内での料理は事前予約が必要。上り列車（新下関発）では、フグやウニなど響灘の味覚満載の「夢のはなし弁当」、または長門ゆかりの食材を詰め込んだ「みすゞのふるさと弁当」のいずれか（ともに2800円）、下り列車では「萩のおつまみセット」（1800円）と「萩のスイーツセット」（1500円）から選べる。

下関の老舗料亭「古串屋」がプロデュースした「夢のはなし弁当」（販売は4～6月、10～12月）。

車体は、山陰の空と海を表す紺碧色をベースに、山陰の美しい山並みと、たたら製鉄にちなんだ日本刀の刃文を表す銀色の帯模様が入る。

JR西日本
あめつち

| 絶景 ★★☆ | キハ47形気動車を大胆に改造し、2018（平成30）年にデビュー。山陰 |
| 施設 ★★☆ | ならではの「古くて新しい日本」を発見する旅を演出する。 |

山陰の魅力を堪能しながら
日本海沿いをのんびり

information

【チケット購入】 乗車券のほかに指定席グリーン券が必要。ネット予約サービス「e5489（いいごよやく）」やみどりの窓口などで、運行日の1カ月前から。※車内での食事は要予約（4日前まで）
【運転】 土・休日を中心に一部の月曜を加え、鳥取〜出雲市間を1日1往復。
【料金】 鳥取〜出雲市間の運賃は大人2640円、グリーン料金は1990円。

下りで提供される「あめつち御膳」（イメージ）。駅弁「元祖かに寿し」の調整元であるアベ鳥取堂が手掛けている。　photo：JR西日本

2輌編成で、1号車は島根県、2号車は鳥取県をイメージしてデザイン。1号車（写真）では内装の一部に隠岐の黒松が使用され、テーブルに石州瓦の素材でできたタイルが埋め込まれている。photo：JR西日本

宍道湖や伯耆大山を見ながら
神話のふるさと・山陰をめぐる

　神話の舞台にして、相撲や歌舞伎などさまざまな日本文化のルーツがある山陰地方の魅力に触れる列車。列車名は、山陰とゆかりが深い『古事記』の冒頭の一節「天地の初発のとき」に由来する。

　2輌編成で、全座席が指定席グリーン車。風光明媚な景色が満喫できるよう、通常の普通列車よりも速度を抑えて走る。沿線最大の見どころである伯耆大山や宍道湖、日本海を望む区間では、徐行運転も実施される。

　事前予約すれば、山陰地方ゆかりの食材を使った料理と飲み物のセットが車内で味わえる。メニューは複数用意されており、たとえば鳥取発の下りで提供される「あめつち御膳」では、鳥取の人気駅弁「元祖かに寿し」のカニの身や、鳥取牛、アゴ（トビウオ）などの鳥取名物がたっぷり入る。

　内装では、木目調のパネルを多用し、白木の質感を生かした空間が広がる。天井照明のシェードに因州和紙、テーブルに石州瓦素材のタイルが使われ、アクセントとして彩りを添える。

etSETOra（エトセトラ）

絶景 ★★☆	スイーツを中心とした地元のグルメが堪能できる。デビュー当初の復路は
施設 ★★☆	山陽本線経由だったが、現在は往路・復路とも呉線経由で運行。

瀬戸内海を見ながら、青と白の
ツートンカラーの車輌が走る。

オーシャンビューを堪能しながら
スイーツとお酒を楽しむ

information

【チケット購入】 乗車券のほかに指定席グリーン券が必要。ネット予約サービス「e5489（いいごよやく）」やみどりの窓口などで、運行日の1カ月前から。※車内でのスイーツは要予約（4日前まで）
【運転】 月・金・土・休日を中心に、広島〜尾道間を1日1往復。
【料金】 広島〜尾道間の運賃は大人1520円、グリーン料金は1000円。

絶品スイーツを用意し
復路ではトレインバーが出現!

2020（令和2）年10月にデビューしたJR西日本の観光列車。運行区間は広島〜尾道間で、瀬戸内海の多島美が眺められる呉線経由で走る。列車名の「エトセトラ」は、ラテン語で「その他いろいろ」の意味を持ち、次から次へと紹介したくなる瀬戸内の魅力を表現している。

車輌は、2019（令和元）年に引退した観光列車「瀬戸内マリンビュー」を改造したもので、2輌編成で運行。海岸線から見える波を

イメージした白と、瀬戸内海の青からなる塗色が目を引く。ブラックとゴールドで彩られた正面のロゴマークは、高級感を醸し出す。

事前予約を入れれば、広島県内の菓子処や洋菓子店などの名店が手掛けたスイーツが提供される。さらに尾道発の復路では、車内にバーカウンターが出現し、沿線の地酒やおつまみなどを提供する。オリジナルカクテルの「SETOUCHI BLOSSOM」も用意され、ほろ酔い気分で旅が楽しめる。

車内の内装は、1号車と2号車で異なる。
1号車は、"安芸の宮島"の秋をイメージした暖かみのある空間が広がる。

広島発の往路で提供されるスイーツ（イメージ）。
広島県内の職人やパティシエが手掛けている。

photo：JR西日本

SAKU美SAKU楽
（さくびさくら）

絶景	岡山県北エリアの魅力を発信する観
★★★	光列車。津山駅発のタクシープラン
施設	も用意されており、美作三湯などの
★★★	観光めぐりに最適。

桜をイメージした車輌デザインは、沿線を
華やかにするイメージで採用された。観光
列車として運転しない日には、定期列車
として運転する場合もある。

緑豊かな里山を
ピンクの車輌が駆け抜ける

information

【チケット購入】 乗車券のほかに指定席券が
必要。ネット予約サービス「e5489（いいごよや
く）」やみどりの窓口などで、運行日の1カ月前か
ら。※車内での食事は要予約（7日前まで）
【運転】 土・休日を中心に、岡山〜津山間を1
日1往復。
【料金】 岡山〜津山間の場合、運賃は大人1170
円、指定料金は大人530円。

岡山市建部町出身の水彩画家、
おかだ美保氏による沿線風景
の水彩画で彩られている。
PHOTO：JR西日本

桜と緑をイメージした車輌で
特製弁当やスイーツを味わう

2022（令和4）年7月にデビューしたJR西
日本の観光列車。岡山〜津山間を、のどかな
里山が広がる津山線経由で走る。

車輌は、1輌編成のキハ40系気動車を使
用。外観は、岡山県の県北エリアに点在する
桜をイメージし、淡いピンクと花びらのデザイ
ンで彩られている。グリーンのシートとブラウ
ンの床からなる内装は、沿線の山野をイメー
ジし、落ち着いた雰囲気を漂わせる。

車内で味わえる食事は事前予約制で、3種
類を用意。津山発の1号では、県産牛のロー
ストビーフが入った「岡山県北イロドリちら
し」を提供、岡山発の2号では郷土料理の岡
山ばら寿司を用いた「岡山美作かえし寿司」、
あるいは「岡山のスイーツセット」が選べる。

沿線には、木造の名駅舎が建つ駅もあるた
め、一部の駅で数分間停車し、列車の撮影
や駅舎見学を楽しむことができる。停車時に
は、お土産の提供などのおもてなしサービス
が受けられることもある。

岡山発の2号で味わえる「岡山のスイーツセット
（右上）」「岡山美作かえし寿司（上）」。
PHOTO：JR西日本

JR西日本
ウエスト エクスプレス
WEST EXPRESS 銀河

絶景 ★★★
施設 ★★☆

夜行列車の気分が味わえることから評判で、チケットが入手しにくいほどの人気を誇る。国鉄時代の117系電車も味わい深い。

京阪神地区でかつて「新快速」として活躍していた117系電車を改造。瑠璃紺（るりこん）の車体色は、西日本が誇る美しい海や空を表現している。

往年の国鉄型電車117系で
夜汽車の気分を気軽に味わう

information

【チケット購入】 普通車の場合は乗車券と特急券、グリーン車の場合はさらにグリーン券（またはグリーン個室券）が必要。ネット予約サービス「e5489（いいごよやく）」やみどりの窓口などで、運行日の1カ月前から。

【運転】 2023（令和5）年4〜8月は「山陰コース」、同年9月〜2024（令和6）年3月は「紀南コース」を運行。

【料金】「山陰コース」京都〜出雲市間は、普通車指定席利用で片道大人1人あたり1万640円（乗車券＋特急券、通常期）

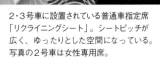

2・3号車に設置されている普通車指定席「リクライニングシート」。シートピッチが広く、ゆったりとした空間になっている。写真の2号車は女性専用席。

1号車のグリーン車指定席「ファーストシート」。1人掛けのソファタイプの座席が向かい合わせに配置されている。夜間には背もたれを倒し、ベッドに切り替えられる。

多彩な座席を備える長距離観光列車

京阪神を起点に、JR西日本管内の人気エリアへ向かう長距離観光列車。今では珍しい夜行運転を行い、シーズンごとに山陽や山陰、紀南などコースを変えて運行する。途中駅での観光やおもてなしも用意されている。

6輌編成で、1・6号車がグリーン車、2・3・5号車が普通車。標準タイプのリクライニングシートのほかに、1号車にはベッドに切り替えられる「ファーストシート」、2・5号車には乗客が横になれるノビノビ座席の「クシェット」、3号車には3〜4人で利用できるコンパートメントタイプの「ファミリーキャビン」、6号車には個室「プレミアルーム」がある。4号車にはフリースペース「遊星」（ゆうせい）も設置され、6輌のすべてが異なる設備を持つ。

当初は旅行会社のツアー専用商品だったが、現在はきっぷも販売されている。車内で味わえるオリジナル弁当は、きっぷの場合は事前申し込みが必要。

photo：JR西日本

2023（令和5）年4〜8月の「山陰コース（上り）」で注文できる「銀河一番星弁当」（イメージ）。松江駅の老舗駅弁屋、一文字家が手掛ける（「tabiwa by WESTER」にて要予約）。

伊予灘に面した絶景を望む下灘駅で約10分間停車。車輌前面には、伊予灘の夕景をモチーフとしたシンボルマークがあしらわれている。

伊予灘の絶景を見ながら
地元グルメを心行くまで

3号車「陽華の章」のグリーン個室「Fiore Suite（フィオーレスイート）」。「大切な人と過ごす時間と空間」というコンセプトのもと、プライベートな特別空間でワンランク上の旅が過ごせる。

information

【チケット購入】　乗車券のほかに特急券、指定席グリーン券（3号車は個室グリーン券）が必要。みどりの窓口や主な旅行会社などで運行日の1カ月前から発売。※車内での食事は要予約（4日前まで）

【運転】　土・休日を中心に、松山〜伊予大洲・八幡浜間で1日4本。

【料金】　（1・2号車に乗車の場合）松山〜八幡浜間で、運賃は大人1430円。特急料金は1200円（通常期）、グリーン料金は1500円。

「レトロモダン」の3輌編成で運行

　日本経済新聞が調べた2015（平成27）年の「お薦めの観光列車ベスト10」で1位に輝くなど、屈指の人気を誇る列車。松山〜伊予大洲・八幡浜間を、JR予讃線の海回りルート（通称「愛ある伊予灘線」）で運行する。

　2022（令和4）年4月にリニューアル。茜色と黄金色のカラーリングなどの「レトロモダン」調のデザインを引き継ぎつつ、従来の2輌から3輌編成となり、設備面もブラッシュアップされた。

　1号車「茜の章」、2号車「黄金の章」は全車指定席のグリーン車。3号車「陽華の章」には、最大8人まで利用できるグリーン個室「Fiore Suite（フィオーレスイート）」を備える。

　「大洲編」（松山→伊予大洲）、「双海編」（伊予大洲→松山）、「八幡浜編」（松山→八幡浜）、「道後編」（八幡浜→松山）の1日4本の運行。各コースで提供される料理は異なるが、いずれも地元の素材を使い、人気店によるこだわりメニューを提供する（要予約）。

「道後編」の料理（イメージ）。松山のパン・フランス菓子店「Petit Paris（プチ パリ）〜パンのある暮らし〜」が手掛ける。

JR四国

四国まんなか
千年ものがたり

絶景 ★★★
施設 ★★

和の風情たっぷりの車内から、風光明媚な車窓風景が楽しめる人気列車。沿線にある金刀比羅宮や祖谷渓などの観光とセットで利用したい。

1号車は「春萌(はるあかり)の章」、2号車は「夏清(なつすがし)の章・冬清(ふゆすがし)の章」、3号車は「秋彩(あきみのり)の章」と命名。編成全体で、春夏秋冬をイメージしたカラーリングになっている。

渓谷美の車窓と上質な料理に
大人の遊び心が満ち足りる

information

【チケット購入】 乗車券のほかに特急券、指定席グリーン券が必要。みどりの窓口や主な旅行会社などで運行日の1カ月前から発売。※車内での食事は、要予約(専用サイトでは4日前まで)
【運転】 多度津〜大歩危間で、土・休日を中心に1日1往復。
【料金】 多度津〜大歩危間の運賃は大人1430円。特急料金は1200円(通常期)、グリーン料金は1500円。

右／若草色の座席が並ぶ1号車。車内は木目調に仕上げられている。
左／白いソファシートが並ぶ3号車。アテンダントは料理の内容を説明してくれる。

古民家風の車内で
地元食材を使った料理を堪能

　讃岐平野の里山風景や平家の落人伝説ゆかりの祖谷の渓谷美など、美しい車窓が楽しめる土讃線の観光列車。「おとなの遊山」をコンセプトに、弁当を持参して野や山でゆったりと過ごす徳島の風習「遊山」にちなんで、琴平や祖谷など沿線の千年超の歴史に思いを馳せつつ、スローライフな列車旅を演出する。
　午前発の下り列車(多度津発)は「そらの郷紀行」、午後発の上り列車(大歩危発)は「しあわせの郷紀行」の愛称がある。

　車内は、古民家をイメージした木に包まれた空間が広がる。専属アテンダントが乗務し、地域のおもてなしを体験できるのもうれしい。車内での食事には、「食事予約券」の購入が必要となる。下りでは金刀比羅宮が運営する「神椿(かみつばき)」の料理長が監修した「さぬきこだわり食材の洋風料理」(5600円)、上りでは日本料理「味匠 藤本」の料理長が監修した「おとなの遊山箱」(5100円)が提供され、いずれも香川・徳島の地元食材を使用している。

「さぬきこだわり食材の洋風料理」は、洋食ならではの技法をこらしたこの列車オリジナルのコース。内容は3カ月ごとに変わる。

JR九州

ふたつ星4047
よん まる よん なな

絶景	午前の「有明海コース」と午後の「大
★★	村湾コース」で、ルートが異なる。人
施設	気の特製弁当やスフレは、事前予約
★★	が必要なので注意しよう。

佐賀と長崎の2県の"ふたつの星"をめぐる観光列車。国鉄時代に製造されたキハ40形と47形を改造。列車名の「4047」もこれにちなむ。

有明海、大村湾を見ながら
オリジナル特製弁当を頬張る

上／1・3号車は、2人掛けの座席が基本だが、ボックス席やカウンター席も設置されている。
左／2号車の「ラウンジ40」。窓や床などに木材が使用され、床は花などのカラフルな模様で彩られている。

information

【チケット購入】 乗車券のほかに指定席特急券が必要。みどりの窓口や主な旅行会社などで運行日の1カ月前から発売。
【運転】 長崎～武雄温泉間で、金・土・日・月、および祝日を中心に1日1往復。
【料金】 長崎～武雄温泉間の場合、「有明海コース」で運賃は大人1850円、特急料金は2330円。「大村湾コース」で運賃は大人2170円、特急料金は2330円（いずれも通常期）。

有明海、大村湾を見ながら
オリジナル特製弁当を頬張る

　西九州新幹線の開業に合わせて、2022（令和4）年9月にデビュー。運行は武雄温泉～長崎間で、武雄温泉発の午前は長崎本線経由の「有明海コース」、長崎発の午後は大村線経由の「大村湾コース」となる。途中の停車駅では特産品や眺望を楽しむ時間が設けられ、さらに車内イベント（要予約）も行われる。

　3輌編成で、1・3号車が全車指定席の客室。木材がふんだんに使われ、おしゃれな調度品が彩る。2号車は共有スペースの「ラウ

ンジ40」。ソファー席や窓側に向いたカウンター席があり、有明海の絶景を楽しむことができる。ラウンジ内にあるビュッフェでは、長崎の洋菓子店の人気スフレを焼きたてで提供（要予約）し、甘い香りが食欲を掻き立てる。

　列車オリジナルの弁当も大人気。有明海の海苔や佐賀牛ローストビーフが入った「特製 ふたつ星弁当」、すき焼き風味の佐賀牛がのった「4047弁当」の2種類が用意されている。いずれも事前予約が必要。

車内限定販売の「特製ふたつ星弁当」。ビュッフェで購入できる「ふたつ星うれしの茶」とともに味わおう。

「ななつ星in九州」も手掛けた水戸岡鋭治氏が車輌デザインを担当。ブラックメタリックの外観が精悍な印象を与える。

5日間・5つのルートで
九州各県をめぐる壮大な旅

6輌編成で、1〜3号車は個室（左）、4号車はイベントなどに使われるマルチカー（上）、5・6号車は座席タイプの客室となる。

information

【チケット購入】 旅行商品の「ランチプラン」は、JR九州旅行と主要旅行会社主催分がある。申し込みは、専用WEBでは出発日の5日前まで、JR九州旅行の窓口では10日前まで。
【運転】 木曜は博多〜鹿児島中央、金曜は鹿児島中央〜宮崎、土曜は宮崎空港・宮崎〜大分・別府、日曜は大分・別府〜小倉・博多、月曜日ルートは博多〜佐世保（往復）。
【料金】 月曜のランチプラン（座席）で、大人1万3300円、小人1万1000円。

月曜日ルートのランチプラン（座席）の料理（イメージ）。個室か座席かでも料理の内容は異なる。

食事付きの「ランチプラン」が基本

　JR九州の「D&S列車」として、2021（令和3）年10月から運行開始。列車名の「36」は、九州が世界で36番目の面積をもつ島であり、沿線にまつわる35のエピソードを紹介したのち、乗客自らが36番目のエピソードを語ってほしいという思いから。

　木曜から月曜の曜日ごとに異なるルートが設定され、計5日間で、博多駅を起点に鹿児島本線や長崎本線、日豊本線などを走って九州を一周する。各ルートとも、ランチ時間帯から夕刻までの4〜6時間ほどの運行。5日間乗り通しも魅力的だが、1日だけの利用も可。

　各ルートとも、食事と乗車がセットになった「ランチプラン」が基本。エリアや季節ごとにさまざまな料理が提供され、地元で定評のある料理店が調理している。このほか、食事がつかない「グリーン席プラン」もある。

　3号車のビュッフェでは、五島手延べうどんやオリジナルカレーなどの軽食を提供。オリジナルグッズや土産物も数多く揃えている。

金のキラキラ塗装をベースに、黒と金の唐草模様で彩られた車輌。外観は、明治時代の「九州鉄道ブリル客車」をモデルにしつつ、独自アレンジを加えた。

高級ホテル顔負けの豪華な内装と極上コース料理に大感動!

information

【チケット購入】 全座席が食事と乗車券がセットになった旅行商品。JR九州旅行主催分と、主要旅行会社主催分がある。前者は出発日の5日前、後者は10日前まで発売。

【運転】 月・金・土・休日を中心に1日1往復。

【料金】 JR九州主催分は、大人3万2000円〜4万4000円、小人2万7000円。

右/テーブル席が並ぶ1号車。内装には、明るい色味のメープル材を使用している。左/コンパートメントが並ぶ2号車。ウォルナット材を使ったダークブラウンの落ち着いた雰囲気が広がる。

世界で評価される人気シェフ監修の選りすぐりの食材で作る料理を堪能

明治時代に製造されたものの、一度も走ることなく廃車となった「九州鉄道ブリル客車(通称・或る列車)」をモチーフにした列車。JR九州の「D&S(デザイン&ストーリー)列車」という観光列車シリーズの一つで、極上の"食・時・おもてなし"を提供する。

運行区間は、当初は時期により異なっていたが、現在は博多〜由布院間(鹿児島本線・久大本線経由)での運行が続くようだ。2両編成で、1号車は2人用・4人用のテーブル席、2号車は1人用・2人用のコンパートメント(個室)が並ぶ。「ななつ星in九州」を彷彿とさせる木材を生かした豪華な空間が目を引く。

車内での食事は2021(令和3)年11月より、デビュー当初のスイーツコースから食事中心のコース料理に変更。料理の監修は、ミシュランガイドで高い評価を得た南青山の名店「NARISAWA」のオーナーシェフ、成澤由浩氏。成澤シェフが九州各地を視察して旬の食材を厳選している。

成澤由浩氏が演出する車内の食事は、「或る列車」だけのオリジナルメニュー。容器も、九州の職人がこの列車のために手掛けたオリジナル品だ。

キハ185系気動車を改造した2輌編成。
黒とゴールドのツートンカラーで、どこか
気品を感じさせる。

有明海を眺めながら
ジャズとドリンクを堪能

バーカウンターの「A-TRAIN BAR」では、カクテ
ルやハイボールなどのアルコール類を販売。周囲に
はフリースペースのソファがあるので、BGMのジャ
ズを耳にしながらゆったりとドリンクが味わえる。

information

【チケット購入】 乗車券のほかに指定席特急
券が必要。みどりの窓口や主な旅行会社など
で運行日の1カ月前から発売。
【運転】 熊本〜三角間で、土・休日および長期
休暇期間中を中心に1日3往復。
【料金】 熊本〜三角間の場合、運賃は大人
760円、特急料金は1280円（通常期）。

大人の旅を演出する
ヨーロッパ風のレトロ空間

　JR九州の「D&S列車」の一つとして、
2011（平成23）年に運行開始。ジャズの名曲
「A列車で行こう」にちなんで命名され、「南
蛮文化が渡来した天草をモチーフに、ヨー
ロッパをイメージした大人の旅を演出」とい
うコンセプトのもと、「A」は大人（Adult）や
天草（Amakusa）を表すという。

　車内は、古き良きヨーロッパを思わせるシッ
クなインテリアとステンドグラスで彩られ、大
人の空間が広がる。全座席が普通車指定席
の2輌編成で、1号車にはカウンター形式の

「A-TRAIN BAR」、2号車には家族・グルー
プ向けのボックスシートもある。

　沿線には、日本の渚百選に選ばれた景勝地
の御興来海岸があり、晴れていれば有明海の
向こうに雲仙普賢岳が見える区間もある。絶
景区間では、徐行運転のサービスを実施する。

　終点の三角からは、三角港で「天草宝島ラ
イン」のクルーザーに乗船して天草を目指す
ことができる。天草までは約20分。

車内限定の「Aハイボール」。 地元の特産品のデ
コポンの果汁入りで、ちょっぴり甘め。

JR西日本
La Malle de Bois
（ラ・マル・ド・ボァ）

絶景
★★☆
施設
★★☆

列車名はフランス語で「木製のかばん」を表す。運転日によりルートが変わり、一部は瀬戸大橋を越えて四国まで足を延ばす。

個性豊かな現代アートで彩られ サイクルスペースを備える

　岡山を起点に、運転日により宇野、三原、日生、琴平の4方面のいずれかに向かう。旅の道具箱（トランク）をテーマに、車内には現代アート作品や旅に関する本が並ぶ本棚などがある。また、運転台の後部にはサイクルスペースが設置されていて、自転車を組み立てた状態で積み込むことができる（要予約／一部列車は使用不可）。

　車内販売のカウンターでは、瀬戸内にちなんだ軽食や飲料、オリジナルグッズなどが購入できる。

information

【チケット購入】 乗車券のほかに、グリーン車指定席券が必要。
【運転】 岡山〜宇野間、岡山〜三原間、岡山〜日生間、岡山〜琴平間のいずれかを、土・休日を中心に1日1往復。
【料金】 岡山〜宇野間は大人1370円、岡山〜琴平間は2450円（グリーン車指定席券を含む）。

ミニタルト5個入りの「旅するせとうちスイーツBOX」。事前予約が必要で、車内でしか手に入れることができない。
PHOTO：JR西日本

列車のコンセプトに合わせ、窓枠に黒いラインを入れてかばんのように見立てている。

JR四国
志国土佐 時代（トキ）の 夜明けのものがたり

絶景
★★★
施設
★★☆

坂本龍馬が脱藩の道へと急いだ行程をなぞる列車旅。高知発の下りは「立志の抄」、窪川発の上りは「開花の抄」を名乗る。

土佐のおもてなしを受けながら 幕末の激動の時代に想いを馳せる

　土讃線の高知〜窪川間を走る観光列車。坂本龍馬ら高知の幕末志士が活躍した時代をテーマに、2輌編成の1号車は幕末を象徴する「クロフネ」、2号車は新しい時代を夢見たことにちなむ「ソラフネ」の愛称があり、それぞれ異なるデザインに仕上げた。

　全車指定席。緑豊かな山々や太平洋の大海原などを見ながら、地元食材を使った弁当（要予約）を車内で味わうことができる。途中駅では地元の人々のおもてなしサービスもあり、乗客に旅の感動を与える。

information

【チケット購入】 乗車券のほかに、特急券、グリーン券が必要。
【運転】 高知〜窪川間を、金・土・休日を中心に1日1往復。
【料金】 高知〜窪川間で、運賃は大人1640円、特急料金は1200円（通常期）、グリーン料金は1300円。

高知発の下り「立志の抄」で提供される「土佐の食材を使用した創作料理 〜皿鉢風〜」（イメージ）。PHOTO：JR四国

1号車の「クロフネ」と2号車の「ソラフネ」の2輌編成。写真は2号車で、白を基調にゴールドの装飾で彩られている。
PHOTO：JR四国

道南いさりび鉄道
ながまれ海峡号

絶景 ★★★	道南いさりび鉄道が日本旅行とタッグを組んで運行。同鉄道は、北海道新幹線の開業で分離された旧江差線の五稜郭〜木古内間を運営する。
施設 ★	

JR北海道から譲り受けたキハ40形気動車を改装。この車輌は、普通列車として日常的に運用されるが、料理を提供するツアー専用列車での運用時のみ、テーブルやヘッドレストを設置した特別仕様となる。

津軽海峡の絶景を堪能し
地元のもてなしに触れる旅

座席には、地元の道南杉を用いたテーブルを設置。ボックス席（40席）とロングシート（10席）を配置している。

information

【チケット購入】 日本旅行の「ながまれ号に乗ろうツアー」として販売。予約は、同社のWEB予約、電話の場合は東京予約センター（☎ 0570-200-001）にて出発日の7日前まで。
【運転】 函館〜木古内間を往復。2023（令和5）年は5〜10月の土曜日に、10回程度運行。※運行日は、道南いさりび鉄道や日本旅行のHPを参照
【料金】 1万2900円〜1万4900円（大人・小人同額）

道南の魅力をたっぷり詰め込み
「鉄旅オブザイヤー」グランプリに輝く

　地元食材を使った料理を味わうツアー専用列車で、大手旅行会社の日本旅行が企画・運行している。列車名の「ながまれ」は、道南地域の方言で「ゆっくりして」「のんびりして」という意味がある。優れた鉄道旅行商品を表彰する「鉄旅オブザイヤー」で、2016（平成28）年にグランプリに輝いた。

　車輌は、JR北海道より譲り受けた国鉄時代のキハ40形気動車を改装。濃紺の車体に、日没後の函館山のシルエットや津軽海峡の漁り火、街明かり、星空のイメージをあしらい、沿線の魅力をアピールしている。

　運行は函館〜木古内間の往復で、3時間弱の列車旅となる。往路では、途中の上磯駅のホームで地元特産品の立ち売りを堪能し、木古内駅到着後は隣接する道の駅でショッピングを楽しみ、復路では茂辺地駅のホームでバーベキューに舌鼓を打つ。夕暮れの津軽海峡や函館山などを望む車窓風景は格別なので、じっくり堪能したい。

photo：道南いさりび鉄道

途中の茂辺地駅では、ホームでバーベキューを楽しむ。地元の食材を使った炭火焼は、格別だ。

秋田内陸縦貫鉄道
ごっつお玉手箱列車

絶景	★★☆	秋田の里山風景を見ながら、地元食材を生かした素朴な手料理を味わう。農家の"お母さん"たちのまごころサービスも大人気。
施設	★★☆	

沿線には、日本の原風景ともいえる里山や渓谷が織りなす美しい景色が広がる。

お母さんたちが料理を持ち込む
大人気の"動く農家レストラン"

information

【チケット購入】 ツアー専用商品。予約は、電話(☎0186-82-3231 平日9〜17時)、またはFAX(0186-82-3793)にて、運転日の10日前まで。
【運転】 角館〜阿仁合間を1日1便(片道のみ)。2022年度は、7・11・12・1・2・3月の各月に1回ずつ運行された。
【料金】 大人8000円、小人6750円(1日乗り放題のフリーきっぷ〈当日のみ有効〉付き)

**素朴なおもてなしを受けながら
お母さんたちの手料理を満喫!**

　秋田県内陸部を南北に結ぶ秋田内陸縦貫鉄道のイベント列車。例年秋から冬にかけて運行され、"みちのくの小京都"として知られる角館から阿仁合まで、約90分かけて走る。

　列車名の「ごっつお」は、秋田弁で"ごちそう"を意味する。その名の通り、秋田の旬の食材を使った料理を、地元農家の"お母さん"たちが沿線の数カ所の駅で用意し、列車停車中に一品ずつ車内まで運ぶ。車内にもサービス担当の"お母さん"たちが同乗してお

り、秋田弁を交えながら料理の材料や調理法などを説明し、楽しい会話で乗客を和ませる。知恵と手間をかけたおもてなしが、この列車の最大の魅力だ。

　使用車輌は、秋田内陸縦貫鉄道の三つの観光列車、「マタギ号」「笑EMI号」「縄文号」のいずれか。いずれも食事ができる大型テーブルがあり、レストラン列車として堪能できる十分な設備を備えている。一般利用者が利用する普通車輌を併結して運行される。

上／地元ならではの味が堪能できるので人気。
右上／手料理をふるまうお母さんたち。

西明寺栗を使った焼き栗や秋田名物・いぶりがっこ、手打ちそばなどの料理が並ぶ。料理の内容は、毎回異なる。

photo：秋田内陸縦貫鉄道

西武 旅するレストラン「52席の至福」

| 絶景 | ★★ |
| 施設 | ★★ |

都内を起点にした西武鉄道初のレストラン列車。季節ごとに替わる本格コース料理が味わえる。とりわけ午前出発の「ブランチコース」が人気。

車内のキッチンで調理された絶品コース料理を提供

西武秩父線で使用されている4000系電車を大幅に改造。トランプ1セットが52枚なのにちなみ、前面ヘッドマークには「52」の数字とともにトランプのマークがあしらわれた。

左／客席車輌には、2人または4人用のテーブル席が並ぶ。2号車（写真）では天井に柿渋和紙、4号車では西川材が使用され、落ち着いた雰囲気を演出する。右／列車内のライブキッチンでは、調理シーンを間近に見学することができる。

information

【チケット購入】 旅行月の3カ月前の第2木曜日8時から発売。予約は2〜4人単位で、専用WEBサイトで行う。
【運転】 池袋・西武新宿〜西武秩父間で、土・休日を中心に1日1往復。
【料金】 ブランチコース1万2000円、ディナーコース1万6000円（大人・小人同額／西武線1日フリーきっぷ付き）

PHOTO：西武鉄道

4輌編成で定員はわずか52人！
一流建築家デザインの車輌で贅沢空間

2016（平成28）年4月にデビューした西武鉄道の本格グルメ列車。主に池袋〜西武秩父間、西武新宿〜西武秩父間を運行する。

4輌編成で、1号車は様々なイベントに対応する多目的車輌、3号車はバーカウンターやオープンキッチンのあるキッチン車輌。2・4号車が客席車輌で、テーブル席を各26席配し、列車名の通り定員は52人となる。

午前出発の「ブランチコース」（池袋、西武新宿発）と、夕方出発の「ディナーコース」（西武秩父発）の2コースを用意。いずれも有名レストランシェフが監修したコース料理を、季節替わりで提供している。　車輌デザインは、建築家・隈研吾氏が担当。1号車は「芝桜、長瀞の桜」、2号車は「秩父の山の緑」、3号車は「秩父連山の紅葉」、4号車は「あしがくぼの氷柱」をテーマにデザインし、沿線の代表的な観光地である秩父の四季を表現している。内装には沿線の伝統工芸品や地元木材を一部使用している。

料理は、アミューズからデザートまで全4品のコース。3カ月ごとにメニューが変わる。PHOTO：西武鉄道

富士山麓電気鉄道
富士山ビュー特急

絶景 ★★★
施設 ★★

「日本一富士山に近い鉄道」を名乗る富士急行線の観光列車。土・休日限定で、特製スイーツを味わえる「スイーツプラン」が設定されている。

大月〜河口湖間を約45分で運行。鮮やかに彩られたメタリック塗装の車体が、ひときわ目を引く。

富士山を仰ぎ見ながら
オリジナルスイーツを味わう

information

【チケット購入】「スイーツプラン」は、富士急トラベルのツアー専用商品。専用WEBサイト、または電話（☎0555-22-8877）にて、利用日の3日前まで発売。
【運転】 土・休日に、大月〜河口湖間を2往復。
※利用区間は、大月〜富士山間、大月〜富士急ハイランド間、大月〜河口湖間のみ
【料金】 大人4900円、小人3900円（運賃・座席指定料金を含む）

沿線には富士山を眺めるビュースポットが点在しており、列車旅を盛り上げる。

特別車輌は、木材を多用した明るい雰囲気。テーブル席の奥に、カウンタースペースがある。

全席指定の特別車輌で
土・休日に「スイーツプラン」を設定

　富士山麓電気鉄道では魅力的な観光列車がいくつか運行している。その中で最上級にランクされるのが「富士山ビュー特急」である。水戸岡鋭治氏が車輌のデザインを手掛け、真っ赤なメタリック塗装の車体は沿線の緑によく映える。

　3輌編成での運行で、富士山駅寄りの1号車には全席指定席の特別車輌を連結。車内はホテルのカフェのような空間が演出され、2人掛けと4人掛けのテーブル席を配し、全26席をゆったりと配置している。

　大月〜河口湖間を毎日2往復する「富士山ビュー特急」だが、特別車輌では土・休日限定で「スイーツプラン」が用意されている。「ハイランドリゾート ホテル＆スパ」のシェフパティシエによる特製スイーツ（季節によりメニューは変わる）が提供され、コーヒーなどのウェルカムドリンクサービスが付く。富士山を眺めながら極上スイーツが味わえるので、観光客に人気だ。

2023（令和5）年春のメニュー。車輌をモチーフにしたエクレアや雪化粧をした富士山に見立てたケーキが面白い。

PHOTO：富士山麓電気鉄道

沿線風景の中で映えることを意識し、銀朱色の車体色を採用。手塗りで塗装したという。

"オール新潟"のこだわり車輌で越後の山と海の景色を堪能

車内で提供される料理は、午前発・午後発でそれぞれ2種類。地元出身の料理人が生産者の現場を訪問し、オリジナルメニューを考案している。
PHOTO：えちごトキめき鉄道

information

【チケット購入】 食事と乗車券がセットになったツアー専用商品。予約は専用WEBサイトで、出発日の原則5日前まで。
【運転】 上越妙高〜妙高高原〜糸魚川間で、土・休日を中心に1日1往復。
【料金】「通常プラン」は2万4800円、「特別地域貢献プラン」は2万9800円（大人・小人同額）。2号車の展望ハイデッカーは、別途席料1万5000円がかかる。※乗車当日は、えちごトキめき鉄道全線の普通、快速、急行、特急列車の自由席を自由に利用できる。

国内最大級の天井まで延びるパノラマウインドウ

えちごトキめき鉄道の観光列車。天井近くにまで延びた国内最大級のパノラマウインドウや、前面展望が楽しめるハイデッカー（高床）仕様の個室を備え、これまで数々のデザイン賞を受賞してきた。銀朱色をベースにした艶やかな車体には雪と花が描かれ、新潟の四季が表現されている。車体製造は新潟トランシス株式会社が担当し、内装にも新潟県産の素材を取り入れ、地域密着にとことんこだわった。

運行は上越妙高〜糸魚川間で、午前・午後の1日1往復。往路では上越妙高からいったん南下して妙高高原に向かい、同駅で折り返して糸魚川を目指す。山岳風景から海沿いの景色に車窓がガラリと変わるのが、このルートの特徴。復路はその逆コースとなる。

食事付きの「通常プラン」が基本で、このほかに上越地域の特産品の土産が届く「特別地域貢献プラン」もある。地元の旬の食材を使用した食事は、沿線の名店が手掛けたオリジナルメニューだ。

2輌編成で定員はわずか45人なので、座席配置はゆったり。パノラマウインドウは、照明の映り込みを防ぐ設計になっている。

JRから譲渡された115系電車をベースに、真田幸村にちなんだ赤い塗装と六文銭の意匠を施した。

真田家をモチーフにした
渋みのある赤い115系が疾走

左／専任アテンダントは、観光案内も行う。
右／カウンター席とソファ席が並ぶ2号車。サロンスペースやキッチンも2号車に設置されている。

長野の食が満喫できる
「食事付きプラン」がオススメ

沿線の上田市ゆかりの戦国武将、真田一族をモチーフにした観光列車。列車名は、真田家の家紋である「六文銭」にちなむ。車輌は、国鉄時代に製造され、JRから譲渡された115系電車を改造。水戸岡鋭治氏がデザインを担当し、真田信繁（幸村）が用いた赤備えの甲冑を連想させる真っ赤なボディーが目を引く。

車内は、長野県産の木材を使ったラウンジ風の空間が広がる。3輌編成で、1号車は家族やグループ向けとし、2号車には食事ができるカウンター席やソファ席などを配し、3号車には2人用のコンパートメント（個室）が並ぶ。

運行区間は、軽井沢〜長野間。食事なしの「乗車券＋指定席プラン」もあるが、旅を堪能するなら「食事付きプラン」を選びたい。上り（長野発）には和食コースと小昼（おこびれ）コース、下り（軽井沢発）には洋食コースがあり、いずれも停車駅で土産サービスが提供される。このほか、JR姨捨駅の夜景を堪能する「姨捨ナイトクルーズ」も不定期で運行される。

「食事付きプラン」の洋食コースの料理（イメージ）。軽井沢のイタリアンの店「プリモフィット」が提供しており、沿線をはじめとした信州の食材をふんだんに使用している。PHOTO：しなの鉄道

長野電鉄

北信濃
ワインバレー列車

絶景	「特急ゆけむり ～のんびり号～」の一
★★★	部車輌に設定されている乗車プラン。
施設	北信濃の風景を肴に、飲み放題の長
★★★	野県産ワインと弁当を味わう。

車輌は、元小田急ロマンスカーの10000形「HiSE」。長野電鉄では1000系を名乗り、「ゆけむり」の愛称を持つ。

懐かしの小田急ロマンスカーで
長野県産ワインに酔いしれる

座席は向かい合わせのボックス席で、真ん中にテーブルを設置。美しい車窓を見ながら、ワインや弁当を味わう。

information

【チケット購入】 乗車と食事がセットになった旅行商品。専用WEBサイト、または電話(長野電鉄お客様サポートセンター ☎026-248-6000)にて、運行日の3カ月前から7日前まで発売。
【運転】 湯田中～長野間で、土・休日を中心に1日1往復。
【料金】 大人6500円、小人3250円。2人以下の場合は、大人+1000円、小人+500円。

北信濃の里山をゆっくり望み
ワインと弁当を味わう

　長野電鉄の「特急ゆけむり ～のんびり号～」は、かつて小田急ロマンスカーとして活躍した車輌で運行する観光列車。沿線ガイドを織り交ぜつつ、普通列車と同じくらいの運転時間でゆっくり走る。

　この一部車輌では2016(平成28)年12月より、長野県産ワインと食事を楽しむ「北信濃ワインバレー列車」という乗車プランを土・休日の一部列車に設定。沿線ワイナリー数社の6～8種類の長野県産ワインが飲み放題

で、ラインナップは乗車日により変わる。ワインのつまみとして、信州の食材をふんだんに使用した「のんびりべんとう」がセットで付く。信州サーモンのマリネや信州産牛赤ワイン煮などが入っていて、ワインとの相性は抜群だ。

　車窓からの絶景もこの列車の魅力の一つ。千曲川や北信濃の田園風景と、その向こうに広がる飯縄山、黒姫山、妙高山などの山々が美しい。ビューポイントでは一時停車するので、ワインを傾けながら絶景を楽しもう。

車内のワインカウンターには、地元のワイナリーから厳選した赤・白・ロゼのワインが揃う。ラインナップは、座席にある「本日のワインリスト」で確認できる。

PHOTO：長野電鉄

のと鉄道
のと里山里海号

絶景 ★★	世界農業遺産の「能登の里山里海」の風景を堪能する観光列車。2015（平成27）年の北陸新幹線金沢延伸に合わせてデビューした。
施設 ★★	

車体の塗装は、日本海のブルーを表現。通常は七尾〜穴水間を約40分で走るが、「のと里山里海号」では約60分かけゆっくり走る。
photo：のと鉄道

寿司御膳やスイーツをお供に
美しい七尾湾と里山風景を走る

information

【チケット購入】「飲食付きプラン」は事前予約制。予約は電話（観光列車予約センター ☎0768-52-2300）にて、乗車日の1カ月前から6日前17：00まで。

【運転】七尾〜穴水間で、1日2.5往復。

【料金】「飲食付きプラン」のスイーツプランは1800円、寿司御膳プランは2550円。このほかに「のと里山里海号」の利用料金として、普通運賃と乗車整理券（500円）を支払う。七尾〜穴水間の運賃は大人850円。

有名パティシエのスイーツや
能登の海の幸を味わう

車内にはボックス席と、海側を向いたカウンター席が並ぶ。車内には能登の伝統工芸品が各所に配置されている。

蒸しあわびやずわい蟹のにぎり、フグやノドグロなど、能登の海産物をつめこんだ「能登前 寿司御膳」。
photo：のと鉄道

能登半島の内湾を見ながら走る観光列車。コロナ禍以前は平日も運行していたが、現在は土・休日のみで、全席が指定予約制（空席があれば当日でも乗車可）。七尾〜穴水間で、1日5本（下り3本・上り2本）運行される。

一部の列車では、オプションとして「飲食付きプラン」が設定されている。提供される料理は、沿線出身の著名パティシエ・辻口博啓氏（つじぐちひろのぶ）が監修した「スイーツプラン」と、和倉温泉の名店「信寿し」が手掛ける「寿司御膳プラン」の2種類。いずれも能登の素材を使用する。

車内には能登の工芸品が配置され、ギャラリースペースも設けられている。車内のアテンダントによる沿線ガイドも軽快だ。ビュースポットでは一時停車するので、海の絶景を堪能しよう。途中の能登中島駅では約10分間停車し、国内に2輌しか現存しない郵便車「オユ10」が見学できる。

車輛は、国鉄時代に製造された413系電車を大胆に改造。車体のデザインは、標高3000m級の立山連峰の稜線と、深さ約1000mの富山湾を表現している。

立山連峰・富山湾の高低差と富山でとれた山海の恵みを堪能

information

【チケット購入】「富山湾鮨コース」と「懐石料理コース」の2種類。専用WEBサイト、または電話（予約センター／☎0120-489-130)にて、運行日の10日前まで販売。
【運転】「富山湾鮨コース」「懐石料理コース」とも富山駅発着。土・休日を中心に運行。
【料金】大人1万6500円、小人8000円。

1号車の客室。山側の座席は窓に向いており、雄大な立山連峰を眺めるのに最適だ。

立山連峰と富山湾が織りなす
標高差1万3000尺の富山をめぐる

　2019（平成31）年4月に運行開始したあいの風とやま鉄道の観光列車。列車名は、富山の象徴ともいえる立山連峰と富山湾、その標高差が4000m（＝約1万3000尺）であることにちなむ。

　3輌編成で、定員は50人。1・3号車は客席で、天井や床、テーブルなどに富山県産の「ひみ里山杉」が用いられ、木材独特のぬくもりが感じられる。2号車は厨房・カウンター車輌で、地酒やドリンク、土産販売のほか、沿線各地の特産品ディスプレイもある。

　土・休日を中心に、富山駅発着の1日2本を運行。1号「富山湾鮨コース」は富山～泊間を往復、2号「懐石料理コース」は富山から高岡・黒部で折り返すルートとなる。列車にはアテンダントが乗車し、沿線ガイドを行う。

　乗車特典として、富山県美術館や富岩水上ラインなどの観光施設での割引や、あいの風とやま鉄道線（石動～越中宮崎）内で当日使える一日フリー乗車券が付く。

PHOTO：あいの風とやま鉄道

1号「富山湾鮨コース」では、旬の地魚を新鮮なまま味わうべく、車内で握りたてのすしが提供される。

明知鉄道
食堂車

絶景	急行「大正ロマン号」に食堂車を増
★★☆	結する形で運行。「寒天列車」「きの
施設	こ列車」「じねんじょ列車」など、季
★★★	節ごとに料理の内容が変わる。

秋はきのこづくしの「きのこ列車」が運行する。
全長25.1kmを、約1時間かけてのんびり走る。

連続する峠越えが楽しい
季節の味覚を提供する食堂車

information
【チケット購入】 食堂車は、事前予約が必要。
明知鉄道HP、または電話（☎0573-54-4101
／9～17時）にて。オンライン予約は10日前、
電話予約は5日前まで。
【運転】 恵那～明智間で、月曜以外毎日運行
（月曜が祝日の場合は運行）。1日1便。
【料金】「おばあちゃんのお弁当列車」は2500
円、「寒天列車」「きのこ列車」は5500円、「じね
んじょ列車」は4500円、「枡酒列車」は5000
円（大人料金／フリー乗車券付き）。

ロングシートの座席の前に、長テーブルを設置。
手作り感のあるスタイルが、旅心をくすぐる。

寒天、きのこ、じねんじょ……
四季折々の地元の味覚を楽しむ

　今でこそ各地のローカル鉄道で見られるグ
ルメ列車だが、明知鉄道はその先駆的存在と
して有名。1987（昭和62）年から運行してお
り、急行「大正ロマン号」に食堂車を増結す
る形で、月曜を除いて毎日運行される。

　春の「おばあちゃんのお弁当列車」（4～5
月）に始まり、「寒天列車」（4～9月）、「きの
こ列車」（9～11月）、「じねんじょ列車」（12
～3月）、さらに「枡酒列車」（9、1～2月）

と、季節ごとに旬の料理を提供する。たとえ
ば「寒天列車」は、恵那市山岡町特産の細寒
天を使用し、寒天のり巻きや寒天入りの特製
玉子焼き、ところてんなど19品目が入る。

　東美濃地方の盆地エリアを走るため、列車
は途中で2つの峠を越える。乗車時に見て
おきたいのは飯沼駅で、33‰（パーミル）（1000m進ん
で33mの高低差）の急勾配に位置する。こ
の勾配は普通鉄道としては国内1位。こうし
た情報も、同乗のガイドが案内してくれる。

「きのこ列車」の料理。舞茸の天ぷらや香
茸の旨煮などが盛られている。

使用車輌は、樽見鉄道のハイモ295-510型気動車。形式名の「ハイモ」は、「ハイスピードモーターカー」の略。

樽見鉄道
薬草列車

| 絶景 | ★★ |
| 施設 | ★★★ |

国鉄樽見線を継承した第三セクター鉄道。沿線に桜の名所があり、春は観桜客で賑わう。「薬草列車」だけでなく、冬の「しし鍋列車」も人気。

根尾川の渓谷美を見ながら
フキ、ドクダミをたらふく

ロングシートに長テーブルを並べた車内。乗客は食前酒で乾杯し、弁当を味わう。
photo：樽見鉄道

information

【チケット購入】 事前予約が必要。樽見鉄道HPのメールフォーム、または電話（樽見鉄道営業部 ☎0581-34-8039／平日9〜17時）にて、10日前まで。
【運転】 大垣〜樽見間。薬草列車は夏季を除く5〜11月の木・金曜、しし鍋列車は12〜2月の木曜日に運行。いずれも1日1本（下りのみ）。
【料金】 薬草列車4500円、しし鍋列車5500円（大人・小人同額／大垣〜樽見1日フリーきっぷ、地震断層観察館入場割引券付き）

山の幸たっぷりのヘルシー料理

　地元で採れた旬の山菜を使った料理を味わう毎年恒例のイベント列車。夏休み期間を除く5〜11月の毎週木、金曜に運行される。地元産のヨモギやフキ、ドクダミの天ぷら、茶そば、鮎の甘露煮などのおかずが入り、食前酒のクコ酒、イチョウの葉のお茶も付く。
　定期列車に貸し切り車両を連結する形で運行。大垣を正午過ぎに出発し、終点の樽見までの34.5kmを約1時間10分かけて走る。風光明媚な根尾谷に分け入るように進み、緑

豊かな車窓が満喫できる。車中では、沿線の見どころや薬草の効能の解説もある。
　樽見に着いたら自由行動となる。薬草列車には1日フリーきっぷと「地震断層観察館・体験館」の入場割引券がセットで付いているので、沿線の観光スポットを巡りながら大垣に戻るのがいいだろう。
　なお冬季は、猪肉を使ったぼたん鍋と季節の料理を味わう「しし鍋列車」が運行。熱々の鍋を食べながらの列車旅はたまらない。

山菜の天ぷらや茶そば、菜飯などが入った「薬草弁当」。季節料理店「新山家料理 山びこ」（岐阜県本巣市）が手掛けている。photo：樽見鉄道

既存車輌のナガラ300形気動車2輌を改造。長良川の美しいせせらぎを見ながら走る。

ロイヤルレッドの車体が長良川の四季に映える

information

【チケット購入】 事前予約が必要。専用WEBサイト、または電話(観光列車「ながら」予約専用ダイヤル ☎0575-46-8021／10～16時)にて、乗車日2カ月前の各月1日10時から14日前の16時まで発売。
【運転】 美濃太田～北濃間で、金・土・休日や夏季シーズンなどを中心に、1日1往復(年間約150日程度の運行)。
【料金】「ランチプラン」は大人1万8000円、小人1万6620円(2日間フリー乗車券付き)。「スイーツプラン」は大人5800円、小人4800円(1日間フリー乗車券付き)。

ランチプランの料理(イメージ)。都ホテル岐阜長良川の料理長が考案し、フランス料理のフルコースに和の味付けを加えた14品からなる。飛騨牛、奥美濃古地鶏、明宝ハム、県内産シイタケなどを使用。
PHOTO：長良川鉄道

食事を提供する「鮎号」の車内。テーブルや座席などには、主に岐阜県の東濃ひのきを使用し、和モダンの落ち着いた雰囲気が広がる。景色を絵画のように見せるため、窓にもひのきの枠がはめられている。

長良川の清流を見ながら
本格ランチやスイーツを堪能

　長良川鉄道の「ながら」は、2016(平成28)年春に登場した観光列車。日本有数の清流として知られる長良川流域を走り、眺めの良いビュースポットでは徐行運転を行う。

　車輌デザインは、工業デザイナー・水戸岡鋭治氏。ロイヤルレッドを基調とした鮮やかな車体は、沿線の山々の「緑」長良川の「青」、雪景色の「白」とコントラストをなす。それゆえ、春夏秋冬を通じて沿線風景に映える。内装には、岐阜県産の天然木や郡上八幡の暖簾(のれん)、一宮の布生地、美濃和紙など、地元の素材をふんだんに使用した。

　乗車プランはいくつかあるが、車内での食事付きの「ランチプラン(下り)」「スイーツプラン(上り)」を選びたい。ともに沿線地域の食材を使用したオリジナルのメニューで、地元ホテルやレストランのシェフが考案した本格派だ。

　一般車の「森号」(1号車)と食堂車の「鮎号」(2号車)の2輌編成。食事付きプランは2号車、食事なしの「ビュープラン」は1号車を利用する。

京都丹後鉄道
丹後くろまつ号

絶景 ★★★	日本海に面する京都北部の「海の京都」エリアの人気列車で、大海原の絶景車窓が魅力。日本三景・天橋立観光とセットで利用したい。
施設 ★★☆	

由良川の河口近くに架かる由良川橋梁を「丹後くろまつ号」。ゆっくりと景色を楽しめるよう、橋上で徐行するサービスがある。水面からわずか約3mというスレスレの高さにあり、アニメ映画『千と千尋の神隠し』に登場する海原鉄道を彷彿とさせる光景だ。

海・山の恵みを味わう
「海の京都」の列車レストラン

右／車内はナラなどの天然木を多用し、和モダンな雰囲気が広がる。
左／料理や飲み物は、アテンダントが席まで運んでくれる。

information

【チケット購入】 全座席が車内での飲食付きのツアー専用商品で、乗車日3カ月前の10時から3日前まで発売。予約は、京都丹後鉄道のWEBサイト、または主な旅行会社にて。
【運転】 福知山～天橋立、天橋立～西舞鶴のコースがあり、金・土・休日を中心に1日3本。
【料金】 「モーニングコース」は6300円～、「ランチコース」は1万4000円～、「スイーツコース」は5000円～（大人・小人同額）

3つのコースを用意
沿線の食材を使用した料理を提供

　金・土・休日を中心に1日3便運行。出発順に、福知山～天橋立間の「モーニングコース」、天橋立～西舞鶴間の「ランチコース」、天橋立～西舞鶴間の「スイーツコース」がある。

　「モーニングコース」では、北近畿エリアにある人気洋菓子店「パティスリーカフェ カタシマ」の特別メニューを味わい、大江駅では途中下車して鬼瓦公園を散策できる。「ランチコース」ではアテンダントが考案した懐石料理、「スイーツコース」では「丹後くろまつ号」

と天橋立をイメージした和の創作スイーツが提供され、ともに海を眺める絶景スポットでの停車・徐行でのんびりとグルメを堪能する。各コースとも、ホテルや高速バスとセットになったコースも用意されている。

　運行は気動車1輌のみ。水戸岡鋭治氏が車輌デザインを手掛け、漆黒の車体に金色の帯や松をモチーフとしたロゴが入り、高級感を漂わせる。車内にはキッチンが設けられ、出来立ての料理を提供する。

2023（令和5）年4～9月のランチコース（イメージ）。アテンダントと地元ホテル「KISSUIEN Stay&Food」が考案した懐石料理で、金目鯛や京都肉、旬の地魚などが味わえる。

PHOTO：WILLER TRAINS（京都丹後鉄道）

伊勢志摩の晴れやかな空をイメージし、車体はブルーを基調とした。車輌ごとに窓の位置や配色が異なっている。

私鉄最高級の豪華列車が
伊勢志摩観光を盛り上げる

information

【チケット購入】 乗車券、特急券のほかに、しまかぜ特別車両料金が必要。近鉄主要駅の特急券窓口や専用WEBサイト、主な旅行会社で、運行日1カ月前の10時30分から発売。
【運転】 大阪難波・近鉄名古屋・京都〜賢島間を、それぞれ1日1往復(大阪難波発は火曜、近鉄名古屋発は木曜、京都発は水曜に原則運休)。
【料金】 大阪難波〜賢島間の場合、運賃は大人2770円、特急料金は1640円、しまかぜ特別車両料金は1050円。※和風・洋風個室を利用する場合は別途、個室料金(1室1050円)が必要

上/「松阪牛重」(1800円)。松阪牛を100%使用し、野菜とともにじっくり煮込んで作る。左/カフェ車両では、沿線にちなんだ多彩なメニューを提供。
PHOTO：近畿日本鉄道

沿線名物を生かした多彩なグルメを
カフェ車両で味わう

　大阪、名古屋、京都と伊勢志摩エリアを結ぶ近畿日本鉄道(近鉄)のリゾート列車。6輌編成で、客室には本革の電動リクライニング機能付きのプレミアムシートが3列配置で並ぶ。前後のシート間隔は125cmで、ゆったりした空間を実現。専属のアテンダントが乗務し、軽食や飲料の販売、記念乗車証の配布、記念撮影などのサービスに応じる。

　4号車(近鉄名古屋発着列車は3号車)には、グループ席車両を連結。「サロン席」「和風個室」「洋風個室」の3タイプの座席を備える。
　3号車(近鉄名古屋発着列車は4号車)はカフェ車両。「松阪牛重」「松阪牛カレー」などの料理やクラフトビール・ワインなどを味わうことができ、沿線の名店が提供するスイーツも人気が高い。カフェ車両は2階建て構造で、1階はゆったりとしたソファー席、2階は眺めの良い窓向きの席があり、落ち着いた雰囲気でグルメを味わえる。

本革を使用したプレミアムシートは、電動のリクライニング機能を備える。
PHOTO：近畿日本鉄道

近畿日本鉄道

あをによし

絶景	★	大阪・奈良・京都を乗り換えなしで結ぶ観光特急で、2022（令和4）年4月にデビュー。「あをによし」とは、奈良に掛かる枕詞。
施設	★★★	

車輌は、かつて英国のエリザベス女王も乗車したという特急型の12200系を改造。「紫檀メタリック」と名付けられた紫色の車体色が映える。

上質な旅のひとときを演出する
古都・奈良へのアクセス特急

1・3・4号車のツインシートは特注品。向かい合わせだけでなく、窓側に45度傾いたレイアウトの席もある。
PHOTO：近畿日本鉄道

information

【チケット購入】 乗車券、特急券のほかに、特別車両料金が必要。近鉄主要駅の特急券窓口や専用WEBサイト、主な旅行会社で、運行日1カ月前の10時30分から発売。
【運転】 大阪難波→近鉄奈良→京都、京都～近鉄奈良、京都→近鉄奈良→大阪難波間で、原則木曜を除く毎日運行。
【料金】 大阪難波～近鉄奈良間の場合、運賃は大人680円。特急料金は520円、特別車両料金は210円。

バーを思わせる大人の空間で
スイーツや名物グルメ、地酒を味わう

　古都・奈良への観光アクセスを担う近畿日本鉄道（近鉄）の観光特急。近鉄奈良経由で大阪難波～京都間を結ぶ1往復と、京都～近鉄奈良間を結ぶ3往復の、原則木曜を除いて毎日合計8本が設定されている。

　車体は奈良をイメージしてデザインされ、天平時代の高貴な色とされる紫をベースに、気品のある金色のラインが入る。車両正面のエンブレムは、正倉院の宝物に描かれている吉祥文様の「花喰鳥」をモチーフにした。

　4輌編成だが、座席数は84席しかなく、ゆったりしている。1・3・4号車のツインシートは家具メーカーが手掛け、人を包み込むような形状が珍しい。2号車にある3～4人用のサロンシートは、パーテーションで区切られており、半個室のようなプライベートな空間だ。

　2号車の販売カウンターでは、車内限定販売のスイーツや奈良のクラフトビールなどを販売。キーホルダーやハンカチなどのオリジナルグッズも購入できる。

車内限定販売の「あをによしバターサンド」（単品850円）。マロンと抹茶わらびもちの2種類の味が楽しめる。シェラトン都ホテル大阪が手掛けている。
PHOTO：近畿日本鉄道

近畿日本鉄道
青の交響曲（シンフォニー）

絶景 ★★
施設 ★★★

沿線の酒やスイーツを堪能し、ゴージャスな内装で大人の極上旅を演出。桜の名所・吉野山への観光の足として利用したい。

気品あるプレミアムトレインで
日本の歴史の原点を大人旅

自然豊かな沿線風景に調和するシンプルで上質な車体デザイン。前面や側面には、「Blue Symphony」と記されたエンブレムがある。

information

【チケット購入】　乗車券、特急券のほかに、特別車両料金が必要。近鉄主要駅の特急券窓口や専用WEBサイト、主な旅行会社で、運行日1カ月前の10時30分から発売。

【運転】　大阪阿部野橋〜吉野間で、原則水曜を除く毎日2往復。

【料金】　大阪阿部野橋〜吉野間の場合、運賃は大人1170円、特急料金は520円、特別車両料金は210円。

2号車には、ゆったりとしたラウンジスペースを設置。車内とは思えないほどの落ち着いた雰囲気を漂わせる。写真奥にバーカウンターがある。

1・3号車には、「2＋1列」の幅広デラックスシートを採用。左手前がサロン席、右手前がツイン席で、それぞれテーブルとランプがついている。

ホテルのバーのような車内で
軽食やスイーツ、地酒を味わう

　大阪阿部野橋駅から吉野へ向かう近畿日本鉄道（近鉄）の観光特急。飛鳥時代の史跡が数多く残る奈良県明日香村や、国宝の金峯山寺などを擁する吉野町など、日本の歴史の原点ともいえるエリアを走る。

　車体は濃紺色を基調としたメタリック塗装で、沿線の自然豊かな景観に調和するデザイン。金色のラインが入ったクラシカルな車体は、列車のコンセプト「上質な大人旅」を演出している。3輌編成のうち、1号車と3号車に客室があり、質感にこだわったカーペットやカーテンが彩りを添える。グループ旅行向けのサロン席（3〜4人用）やツイン席（2人用）も設置されている。

　2号車は、ホテルのバーをイメージした内装を施し、大型のバーカウンター、20席のラウンジスペース、クラシカルなライブラリーを設置。車内販売では柿の葉寿司などの軽食、オリジナルケーキセットなどの各種スイーツ、地酒などを揃え、沿線の味覚が楽しめる。

車内限定商品の「季節のオリジナルスイーツセット」（1400円）が人気。写真は2023（令和5）年夏季のメニュー（イメージ）で、「大阪マリオット都ホテル」のペストリーシェフが考案した。PHOTO：近畿日本鉄道

既存のHSOR-100A形気動車を改造し、デザインは水戸岡鋭治氏が手掛けた。昼間のダイナミックな海の景色も魅力的だが、夕日が沈む夕方の時間帯もオススメ。

九州西海岸の列車旅を
洗練された料理＆インテリアとともに

information

【チケット購入】「食事付きプラン」を含む全プランとも事前予約が必要。専用WEBサイト、または電話（予約センター ☎0996-63-6861／平日10〜16時）にて、乗車日2カ月前から4日前の予約センター営業時間内まで（WEB予約は5日前まで）発売。
【運転】 新八代〜出水・川内間で、金・土・休日を中心に1日3本。
【料金】「モーニング」は大人4000円、小人2500円、「スペシャルランチ」は大人2万2000円、小人1万1000円、「サンセット（夏ダイヤ）」は大人1万5000円、小人7500円。

1号車の「ダイニング・カー」。ホテルのダイニングスペースを思わせる空間で、食事を楽しめるテーブル席のほか、海側にはカウンター席も設置されている。

2号車の「リビング・カー」。わずか20席のみというゆったりとしたレイアウトを採用し、贅沢なひと時を過ごせる。車内には熊本県、鹿児島県の民芸品を展示したショーケースも設置されている。

駅マルシェでの交流も楽しい
地元密着の観光列車

　九州西海岸の絶景を堪能する観光列車。週末や祝日を中心に1日3本運行される。

　1号車に「ダイニング・カー」、2号車に「リビング・カー」を連結した2輌編成。車輌デザインを水戸岡鋭治氏が担当し、車内は木材が多用され、落ち着いた雰囲気が広がる。

　複数の乗車プランが用意されているが、主に「食事付きプラン」と「乗車のみプラン」に大別される。「食事付きプラン」では、1本目は「モーニング」（出水〜新八代）、2本目は「スペシャルランチ」（新八代〜川内）、3本目は「サンセット」（川内〜新八代）と、列車ごとに料理が変わる。いずれも沿線のグルメ店とコラボした地産地消メニューが味わえる。

　停車駅では「駅マルシェ」が開催。地元の人々との交流を楽しみながら、知られざる特産品を見つけることができる。土産のプレゼントも用意され、列車旅を盛り上げる。

2本目の「スペシャルランチ」の料理（イメージ）。フレンチ（シェカシワギ）と和食（鮨割烹まこと）が2カ月毎に変わる。料理は地産地消にこだわり、旬の食材を使用している。
photo:肥薩おれんじ鉄道

平成筑豊鉄道
ことこと列車

絶景 ★★★	通常1時間30分の直方〜行橋間を、約3時間かけてゆっくり走る。車内にトイレがないので、停車駅のトイレを利用する。
施設 ★★★	

ピカピカに磨き上げられた深紅の車体は、周りの風景が映り込むように加工されており、天候によりさまざまな色合いを見せるという。

ステンドグラスが彩る車内で
地産地消フレンチを堪能

information

【チケット購入】 車内での飲食付きのツアー専用商品。専用WEBサイト、または日本旅行・日本旅行リテイリングの九州内各店舗で販売。予約は、出発日前日から起算して14日前まで（土・休日の場合はその直前の受付日まで）。
【運転】 直方〜行橋間で、土・休日に1日1本。
【料金】 1万7800円（大人・小人同額）。

車内は、ドイツ製のガラスを組み込んだステンドグラスの天井が目を引く。床には幾何学模様の寄木が敷き詰められている。座席はすべて指定席。

里山の中をゆっくりコトコト走り
本格フレンチに舌鼓を打つ

車内でフランス料理を味わうレストラン列車。2輌編成で、福岡県北部の直方（のおがた）〜行橋（ゆくはし）間約42kmを、里山や田園地帯を見ながら3時間20分かけてゆっくりコトコト走る。

車輌デザインは、水戸岡鋭治氏が担当。車中で長時間過ごすことに配慮し、車内は木材を基調とした落ち着きある造り。天井にはステンドグラス、床には組板を使った寄木細工を敷き詰めた。座席は2人掛けまたは4人掛けのボックスシートを備え、2号車には窓側を向いたソファーシートもある。

車内で提供される料理は、「アジアのベストレストラン50」に何度も選ばれたフレンチレストランのオーナーシェフ、福山剛氏が監修。地産地消の食材にこだわったフレンチのコース料理が並ぶ。また、沿線で江戸時代から続く林龍平（はやしりゅうへい）酒造の日本酒をはじめ、地元の特産品を使ったソフトドリンクなども充実している。

沿線の見どころは、小説「青春の門」の舞台としても知られる香春岳（かわらだけ）。石灰石が採掘されていびつになった山容が車窓に迫る。

PHOTO：平成筑豊鉄道

地元産食材を使ったフレンチのコース料理。2022（令和4）年4月にコースメニューをリニューアルしている。

西日本鉄道
THE RAIL KITCHEN CHIKUGO

絶景 ★☆☆ **施設** ★★☆	筑後平野の青々とした田園風景の中を走る。2022（令和4）年9月のリニューアルで、ランチ時間帯の1日2本の運行となった。

もともと通勤用の6050形電車だったが、キッチンクロスをイメージした赤と白のチェック柄の車体に変わり、内装や設備も大幅に刷新された。

キュートなデザインが光る
西鉄初の本格的な観光列車

1・3号車は、大きなテーブルを備えたダイニング車輌。ゆったりとした座席配置のモダンな雰囲気で、窓にはカーテンも備えられている。もともと通勤電車だったとは思えない。

information

【チケット購入】　車内での飲食付きのツアー専用商品。専用WEBサイト、または電話（ザレールキッチンチクゴ 予約センター ☎092-534-8952）などにて。催行が決定した場合、予約は運行日2日前の正午まで。
【運転】　木・金・土・休日に、「アーリーランチ」と「レイトランチ」の1日2本。
【料金】　大人1万1800円、小人6000円。

筑後の味たっぷりのコース料理を
出来立てホカホカで味わう

西日本鉄道（西鉄）の初めての本格的な観光列車で、2019（平成31）年3月から運行開始。季節の料理を味わいながら、福岡県南部の筑後平野に延びる天神大牟田線内を走る。

ダイニング車輌2両とキッチンを備えた車輌からなる3両編成で運行され、座席は52席。車内は、沿線の特産品などを巧みに生かしたインテリアが特徴。天井には八女市特産の竹を使った竹細工、床材にはいぶし銀が見事な久留米市の城島瓦、調度品には大川市伝統の家具を備える。

土・休日を含む週4日の運行が原則。西鉄福岡（天神）～花畑間を往復する「アーリーランチ」と、西鉄福岡（天神）～大牟田間の「レイトランチ」の、1日2本の運行となる。料理は、福岡県内のレストランで活躍するシェフが監修。ドリンクもフルーツも野菜も肉も、筑後地方を中心とした九州の食材にこだわる。キッチンには窯が搭載されており、出来立ての温かい状態で味わえる。

2023（令和5）年6～8月の「夏メニュー」（イメージ）。福岡の食材たっぷりのコース料理で、福岡を代表する3人のシェフ、吉武広樹氏、畑亮太郎氏、井上誠氏が監修している。

PHOTO：西日本鉄道

大三東駅で長時間停車。ホームの目の前に有明海の絶景が広がり、優雅な時間が過ごせる。

島原鉄道
しまてつ
カフェトレイン

絶景
★★★
施設
★★☆

手作り風の車内で地元の味を楽しむ観光列車。島原城に無料で入場できる特典などがあり、乗車後は島原観光を楽しみたい。

"日本一海に近い駅"で
優雅にティータイムを過ごす贅沢

information

【チケット購入】 すべて車内での飲食がセット。専用WEBサイト、または電話(島原鉄道総合案内所☎0957-62-4705)にて販売。
【運転】 土・休日を中心に、諫早～島原間で1日1本。
【料金】 大人6000円、小学生3000円。

トレインアテンダントは、沿線の見どころや絶景スポットの案内、提供される料理の紹介などを行う。

有明海を望む大三東(おおみさき)を経て
城下町・島原を目指す

　有明海に沿って諫早から島原へ向かう観光列車。ランチやティータイムを過ごしながら、田園風景と海原が織りなすロケーションの良さが存分に感じられる。車中では、トレインアテンダントが沿線の見どころなどを案内し、列車旅を盛り上げてくれる。

　車内で提供される料理は、2カ月ごとに変わる。沿線の飲食店が手掛けた島原の食材たっぷりの弁当をメインに、島原の食材から作られた人気店・老舗店の個性溢れるスイーツも用意されている。

　途中、"日本一海に近い駅"の一つ、大三東駅でティータイムとして約45分間停車。車内でまったりするのもよし、ホームに出て記念撮影をするのもよし。天気がよければ、有明海の向こうに阿蘇の山々が望める。

　終点の島原駅からは、市内観光に出かけたい。カフェトレインのチケットで島原城や四明荘に入場でき、さらに市内の20店舗以上でさまざまなサービスが受けられる。

PHOTO：島原鉄道

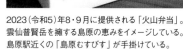

2023(令和5)年8・9月に提供される「火山弁当」。雲仙普賢岳を擁する島原の恵みをイメージしている。島原駅近くの「島原むすびす」が手掛けている。

秋田内陸縦貫鉄道
フレンチトレイン

絶景
★★☆
施設
★★☆

コロナ禍で落ち込んだ観光需要を喚起するために運行開始。運行情報については、秋田内陸縦貫鉄道のHPなどを確認しよう。

観光列車「笑EMI」に揺られ
フランス料理のフルコースを味わう

「ごっつお玉手箱列車」(→P.84)などのユニークな観光列車を次々と走らせる秋田内陸縦貫鉄道。フランス料理のフルコースが味わえる「フレンチトレイン」もその一つで、秋田市のレストラン「センティール・ラ・セゾン千秋公園」で腕を振るうシェフが監修している。

通常運行よりもゆっくりと進む中、秋田県産の旬の食材を使ったコース料理が堪能できる。2021・22(令和3・4)年に観光列車「笑EMI」や「秋田マタギ号」で運行されたが、今後については未定。

比内地鶏などの秋田県産の食材にこだわったコースランチを提供。

PHOTO：秋田内陸縦貫鉄道

2022(令和4)年にデビューした観光列車「秋田マタギ号」などで運行。

三陸鉄道
プレミアムランチ列車

絶景
★★☆
施設
★☆☆

こだわりの弁当を車内で味わう。「春のプレミアムランチ列車」は宮古〜久慈間、「秋のプレミアムランチ列車」は宮古〜盛間。

三陸の海の幸たっぷりの
豪華弁当と海の絶景を楽しむ

お座敷車輌「さんりくはまかぜ」を使い、三陸の海を見ながら、海の幸たっぷりの弁当を味わう臨時列車。春と秋の年2シーズン、土・休日の特定日に運行される。春は宮古から北上して久慈、秋は宮古から南下して盛へ向かう。

数種類の弁当が用意されており、希望の弁当を事前予約する。アテンダントによる車内ガイドが列車旅を盛り上げてくれる。NHK連続テレビ小説『あまちゃん』のロケ駅での記念撮影など、イベントも実施される。

2023(令和5)年の「春のプレミアムランチ列車」で提供された料理。
PHOTO：三陸鉄道

リアス海岸で知られる北東北の太平洋岸を走る。

小湊鐵道
ジビエ懐石料理列車

絶景
★★☆
施設
★☆☆

都心から近いローカル線として注目を集める小湊鐵道。房総半島の里山を見ながら走り、沿線に点在する古い木造駅舎も見どころ。

レトロな気動車の車中で
房総のジビエを堪能

　1960年代に製造されたキハ200形気動車で、イノシシやシカなどの野生動物の肉「ジビエ」を使い、一風変わった懐石料理が楽しめる。ジビエは脂質が牛肉よりも少なく、ヘルシー素材として注目を集める。

　ロングシートの前にテーブルを並べた、手作り感のある雰囲気の車内で味わう。運転は不定期だが、2カ月に1回程度運行される。小湊鐵道1日乗車券付きの特典もあるので、乗車後も沿線を列車で旅しよう。

information

【チケット購入】 乗車と食事がセットになった旅行商品。運行は不定期。
【運転】 五井〜養老渓谷間。
【料金】 6000円(大人・小人同額)※小湊鐵道1日乗車券つき

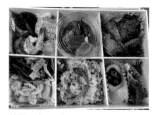

地元の産品と無添加にこだわる「ジビエ懐石料理弁当」。

ヘッドマークを掲げて運行するキハ200形気動車。

京都丹後鉄道
丹後あかまつ号

絶景
★★★
施設
★★☆

リーズナブルな運賃で乗れる観光列車。席が余っていれば乗車整理券を当日に購入できるが、確実に乗りたければ事前に予約しよう。

オリジナルコーヒーを味わいながら
景勝地・天橋立へ

　西舞鶴〜天橋立間を走る京都丹後鉄道のカフェ列車。レストラン列車「丹後くろまつ号」(→P.95)に比べ、カジュアルな利用に対応している。木目調のインテリアの車内では、地ビールや地ワイン、オリジナルコーヒーなどを味わうことができ、それらに合うつまみも販売される。

　車窓には、北近畿の自然が織りなす絶景が次々に現れる。奈具海岸を見下ろすビュースポットでの数分停車や、由良川橋梁での徐行運転といったサービスもある。

information

【チケット購入】 乗車券のほかに乗車整理券が必要。WEBから予約できる。
【運転】 西舞鶴〜天橋立間を、原則火曜・水曜(祝日を除く)に1日2往復。
【料金】 西舞鶴〜天橋立間で、運賃は大人650円、乗車整理券は550円。

水戸岡鋭治氏がデザインを担当。木材を使った贅沢な内装を楽しめる。

豆、焙煎、ブレンドにこだわった「丹鉄珈琲」。車内で味わいたい。PHOTO：WILLER TRAINS(京都丹後鉄道)

クルーズトレイン

売切御免 こだわりグッズカタログ

四季島、瑞風のオリジナルグッズや、車内で採用されていたこだわりの品が勢揃い。
インターネットや店頭で販売されているものもあるので、クルーズトレインの旅気分を日常でも感じられる。

四季島 特製キーマカレー
2,000円

四季島

四季島の初代総料理長を務めた岩崎均氏の監修のもと、車内の味をできるだけ忠実に再現。独自配合の12種類のスパイスや、会津地鶏のもも肉を用い、化学調味料不使用のカレーとなっている。
【購入先】JR東日本「JRE MALL」
https://www.jreastmall.com

四季島車内で使用されているオリジナルブレンドのアロマオイル。100％天然精油のみを使用し、四季をイメージした4種がセットになっている。原料となる原木をトレインクルーが見学し、商品開発に携わった。
【購入先】JR東日本「JRE MALL」
https://www.jreastmall.com

四季島

四季島オリジナルエッセンシャルオイル 4種セット
1万5,400円

手織り絨毯の世界ブランド「山形緞通（だんつう）」と、四季島の車輌デザインを手掛けた奥山清行氏がコラボ。ダイナミックな海の一瞬を表現している。四季島の全10輌のうち、食堂車を除く9両で4種類の山形緞通のじゅうたんが使用されている。
【購入先】JR東日本「JRE MALL」
https://www.jreastmall.com

四季島

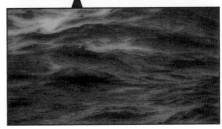

カーペット「UMI」
ダークグレー（60×95cm）
15万4,000円

瑞風の客室で使われているハンガーは、「世界一のハンガーメーカーを目指す」というナカタハンガーが手掛けたもの。人体の厚みや曲線に近づけた木製ハンガーの最高級品で、職人が手加工で仕上げている。
【製造】ナカタハンガー
http://www.nakatahanger.com

瑞風

萩切子ガラス（限定品）

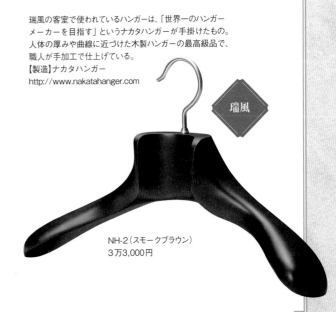

NH-2（スモークブラウン）
3万3,000円

瑞風

瑞風の車内で使用されている「萩切子ガラス」は、山口・萩の伝統工芸品。ガラス工房の職人たちの手作業による繊細な文様が美しい。車内で使用されているものは、車内販売のみの限定品。
【製造】 萩ガラス工房オンラインショップ
http://www.hagi-glass.com

※商品価格は税込

強羅温泉の良質な湯を引いたホテル
「箱根本箱」の温泉露天風呂。

富士山の絶景を仰ぎ見て
河口湖から箱根を目指す

富士五湖の一つである河口湖と、日本有数の温泉リゾート・箱根。
新宿を起点にこの二つの観光地を巡る1泊2日の週末旅行をご紹介。
移動は、鉄道・バスなどの公共交通機関のみにこだわった。
首都圏近郊でも、日常から離れた贅沢な旅でリフレッシュできるだろう。

逆さ富士の名所として知られる河口湖。

**ロッジ風の木造駅舎が建つ
河口湖観光の拠点・河口湖駅**

全車指定席の特急「富士回遊」を使えば、JR新宿駅から富士急行線の河口湖駅まで乗り換えなしでアクセスできる。山小屋風の河口湖駅には土産店や喫茶店などがあり、観光拠点として賑わいを見せる。駅前から雄大な富士山を見ることができ、旅行気分を高めてくれるだろう。駅から河口湖までは、徒歩約10分。

富士山のお膝元・河口湖で
"空中散歩"をしながら絶景を堪能

**富士山パノラマロープウェイに乗り
富士山の絶景が広がる山頂へ**

河口湖を見ながら進む絶景ロープウェイで、天上山の山頂を目指す。山頂の展望広場には「うさぎ神社」や「たぬき茶屋」などのスポットがあり、観光客で賑わう。

〜河口湖〜富士山パノラマロープウェイ

🏠 山梨県南都留郡富士河口湖町
　　浅川1163-1
🕐 9：30〜16：00（下り最終16：20）／
　　土・休日9：30〜17：00（下り最終17：20）
📞 0555-72-0363
💴 大人 往復900円（片道500円）、
　　子ども往復450円（片道250円）

JR線からの直通特急を利用し
河口湖の人気観光スポットを目指す

河口湖、箱根をめぐる1泊2日の旅。まずは、JR中央線と富士山麓電気鉄道の富士急行線を直通する特急「富士回遊」で、河口湖駅を目指す。JR新宿駅から乗り換えなしで河口湖にアクセスできるこの列車は、富士五湖エリアへの観光客に好評で、インバウンド需要も高い。全車指定席なので、指定席特急券を事前に購入しておこう。富士急

行線内では、迫力ある富士山の姿を見ながら列車旅が楽しめる。

河口湖駅は、富士山のお膝元。ここから徒歩で「〜河口湖〜富士山パノラマロープウェイ」の乗り場へ向かう。標高856mの河口湖畔駅と1075mの富士見台駅を結ぶこのロープウェイからは、河口湖の眺望が眼下に広がる。

ロープウェイを降りれば、そこは天上山の山頂。何はともあれ、展望台から富士山のパノラマ絶景を楽しみたい。展望台への道

のりは近年整備され、急な階段ではなく緩やかなスロープになった。

天上山は昔話『かちかち山』の舞台として知られ、狛犬ならぬ"狛うさぎ"が迎えてくれる「うさぎ神社」や、軽食や休憩ができる「たぬき茶屋」などのスポットが点在する。人気施設は、2021（令和3）年にオープンした「かちかち山絶景ブランコ」（1回500円）。目の前にそびえ立つ富士山に向かってブランコを勢いよく漕ぎ出せば、まるで富士山にダイブしているかのような爽快感が味わえる。

日本最大規模のアウトレットモールで掘り出し物を探そう

「御殿場プレミアム・アウトレット」を散策

富士山が見える広大な施設には、アパレルや雑貨などの有名ブランド店が立ち並ぶ。定期的にバーゲンが開催されているので、事前にチェックしておこう。

御殿場プレミアム・アウトレット

住 静岡県御殿場市深沢1312
営 10：00〜20：00（12〜2月は19：00まで）
　　※一部店舗は異なる
TEL 0550-81-3122

**ローカル路線バスを利用して
アウトレットモール、箱根を巡る**

左／河口湖駅から御殿場プレミアム・アウトレットへは、富士急モビリティの路線バスで約1時間45分（運賃1540円）。
右／御殿場プレミアム・アウトレットから強羅駅へは、箱根登山バスの「天悠」行き路線バスで約35分（運賃1120円）。

ローカル路線バスを乗り継ぎ
アウトレットモールを経由して箱根へ

　河口湖観光を堪能したら、「御殿場プレミアム・アウトレット」を目指す。河口湖駅から富士急行バスで約1時間45分かかるが、富士山麓の樹林地帯や山中湖などの自然豊かなエリアを走るので、バス旅を存分に楽しめる。

　「御殿場プレミアム・アウトレット」には、東京ドーム約9個分の広大な敷地に国内外の有名ブランド約290店舗が軒を連ねる。高級

ブランドの人気アイテムでも、ココではリーズナブルな価格で手に入れることができるので、掘り出し物を見つけてみよう。飲食店も充実しており、静岡のご当地グルメに舌鼓を打つのもいいだろう。

　ショッピングを楽しんだら、路線バスに約30分揺られ、リゾート観光地・箱根エリアへ。箱根の中でも有数の温泉場として知られる強羅で下車し、箱根登山ケーブルカーに乗り継いで中強羅駅に向かい、ホテル「箱根本箱」で1日の疲れを癒す。

強羅〜早雲山を結ぶ「箱根登山ケーブルカー」。急勾配をもろともせずに走るので、非日常感が味わえて楽しい。中強羅駅は強羅駅から3駅先。

箱根 注目の宿泊施設 ブックホテル「箱根本箱」

温泉つきのブックホテルで
究極の癒しを味わう

天井にまで本が並ぶラウンジは、まさに
圧巻。「衣・食・住・遊・休・知」の
6ジャンルを中心に選書されている。

左／お食事はレストランにて、東海道を
中心に日本の文化や歴史を体感する
ローカルガストロノミーをお楽しみいた
だける。食材は、神奈川・静岡を中心
に厳選素材を使用している。
右／すべての客室に、著名人がセレク
トした「あの人の本箱」と温泉露天風
呂がある。読書や執筆、仕事などの利
用にも適している。

新刊、古書、洋書など
1万2000冊以上の良書が並ぶ

「本に囲まれて、『暮らす』ように滞在す
る」がコンセプトのホテルを中心に、ブックス
トア、レストラン、ショップ、シアタール
ームなどを備えた複合施設。館内の至るところ
に本が並び、その数は1万2000冊を超える。
出版取次大手の日販グループが全精力を注
いでプロデュースしたとあって、新刊、古書、
洋書など本のセレクションも多岐にわたる。

注目は、客室や廊下などに設置されてい
る「あの人の本箱」。本を愛する著名人の
セレクトコーナーで、本と出会うきっかけを
与えてくれる。気になった本は客室に持ち
帰って読むのはもちろん、購入することも可
能。ロビーや廊下、さらに本棚の中にまでイ
スやベンチがあり、読書に没頭できる。大浴
場のほか、各客室にも温泉露天風呂があるの
で、読書の合間に温泉に浸かってのんびりで
きる。

箱根本箱

https://hakonehonbako.com/

住所 神奈川県足柄下郡箱根町強羅
1320-491
電話 0460-83-8025
アクセス 箱根登山ケーブルカー
中強羅駅から徒歩5分
客室 18室
料金 1泊2食付（2名利用時）
1名2万3,856円〜
※日帰り利用不可

世界的観光地・箱根の
インスタ映えスポットへ

箱根海賊船で芦ノ湖をクルーズ

デッキに出て心地よい風を感じながら、湖畔の絶景を眺める時間は格別。箱根神社や旧街道杉並木なども湖上から見える。

箱根海賊船

- 住 神奈川県足柄下郡箱根町元箱根164(桃源台港)
- 営 桃源台港発1日11便(時期により増発便あり)
- TEL 0460-83-7722
- 料 往復(桃源台港〜箱根町港〜元箱根港〜桃源台港)大人(中学生以上)2220円、子ども(小学生)1110円

仙石原エリアの人気スポット
「箱根ガラスの森美術館」を見学

日本初のヴェネチアングラス専門の美術館。屋内美術館だけでなく、クラフト体験ができる工房施設や、水の都・ヴェネチアをイメージした庭園などがある。

箱根ガラスの森美術館

- 住 神奈川県足柄下郡箱根町仙石原940-48
- 営 10:00〜17:30(入館は17:00まで)
- TEL 0460-86-3111
- 料 大人1800円、高・大学生1300円、小・中学生600円、シニア1700円

湖上クルーズや美術館を巡り
スイッチバック運転の登山電車に乗車

　旅の2日目は、箱根の観光地を巡る。まずは箱根登山ケーブルカーと箱根ロープウェイを乗り継ぎ、箱根火山のカルデラ湖である芦ノ湖を目指す。

　箱根ロープウェイからは、白煙が立ちのぼる大涌谷の大迫力の光景を一望する区間が見どころ。富士山、芦ノ湖を眺める区間もある。ロープウェイの終点、桃源台駅は、芦ノ湖観光の拠点。ここから桃源台港に向かい、箱根海賊船で湖上クルージングを楽しもう。

　箱根海賊船は現在、「クイーン芦ノ湖」(2019年就航)、「ロワイヤルⅡ」(2013年就航)、「ビクトリー」(2007年就航)の3隻が就航。いずれも17〜18世紀にヨーロッパで活躍した戦艦がモデルで、内装は当時の雰囲気を再現している。最新の「クイーン芦ノ湖」は、JR九州の「ななつ星 in 九州」でもお馴染み、水戸岡鋭治氏がデザイン。木材を

ふんだんに使用し、落ち着いた雰囲気が漂う。

　芦ノ湖を一周し、約70分のクルージングを終えて桃源台港に戻ったら、箱根登山バスに乗って約15分、「箱根ガラスの森美術館」へ。この美術館では15〜18世紀に流行したヴェネチアングラスなど約100点の名品が並び、ロマンチックな作品が訪れる者を魅了する。注目は、庭園に設置されている「光の回廊」。約16万粒のクリスタル・ガラスでできたアーチは、晴れた日にはまばゆい輝きを放つ。

「赤い電車」の箱根登山電車で
"天下の険"を駆け下る

箱根外輪山の急勾配を走る日本屈指の山岳鉄道。出山信号場、大平台駅、上大平台信号場の3カ所でスイッチバック運転を行う。車窓のハイライトは、川底から43mの高所を走る「出山の鉄橋」(早川橋梁)。東海道本線の天竜川橋梁を転用して1917(大正6)年に完成したもので、現役で稼働している日本最古の鉄道橋として有名だ。谷底を見下ろすスリル満点の車窓は必見!

箱根登山鉄道の箱根湯本駅。小田急ロマンスカーは新宿〜小田原の運行が基本だが、一部列車は箱根登山鉄道に乗り入れて箱根湯本駅まで直通する。

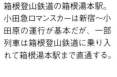

「小田急ロマンスカー」は全車指定制で、展望席と一般席の2種類の座席がある。編成両端から前面展望を楽しめる展望席は大人気なので、利用したければ早めに予約を。

Information

旅のモデルプラン(1泊2日)

1日目

8:30　JR新宿駅
↓ 特急「富士回遊」
10:26　富士山麓電気鉄道河口湖駅
↓ 徒歩約10分
〜河口湖〜富士山パノラマ & ロープウェイ展望広場散策
↓ 徒歩約10分
12:30　バス停 河口湖駅
↓ 富士急モビリティ (「御殿場プレミアム・アウトレット」行き)
14:15　御殿場プレミアム・アウトレット
17:00
↓ 箱根登山バス(「天悠」行き)
17:35
17:55　強羅駅
↓ 箱根登山ケーブルカー
17:59　中強羅駅
↓ 徒歩約5分
箱根本箱(宿泊)

2日目

箱根本箱
↓ 徒歩約5分
10:11　中強羅駅
↓ 箱根登山ケーブルカー
10:16　早雲山駅
↓ 箱根登山ケーブルカー
　　※約1分間隔で運行
11:00頃　桃源台駅
↓ 徒歩約3分
11:25　桃源台港
↓ 箱根海賊船
12:35　桃源台港
↓ 徒歩約5分
12:50　バス停 桃源台
↓ 箱根登山バス(「小田原駅東口」行き)
13:04　バス停 俵石・箱根ガラスの森前
↓ 徒歩すぐ
箱根ガラスの森美術館
↓ 徒歩すぐ
15:24　バス停 俵石・箱根ガラスの森前
↓ 箱根登山バス(「天悠」行き)
15:35
15:53　強羅駅
↓ 箱根登山電車
16:32　箱根湯本駅
16:56
↓ 小田急ロマンスカー
18:25　新宿駅

美術館を後にして、箱根登山バスで強羅駅へ。旅の締めくくりとして日本屈指の険路を走る箱根登山鉄道の登山電車に乗り、山岳鉄道を楽しもう。途中の急勾配区間ではジグザグ構造のスイッチバック運転を行う。初夏には沿線でアジサイが咲き、秋の紅葉シーズンも美しい。

箱根湯本駅に着いたら、小田急ロマンスカーに乗り換え。快適なシートでくつろぎながら、新宿まで約1時間30分間、旅の余韻に浸ろう。

ルートマップ

〜河口湖〜
富士山パノラマ
ロープウェイ

河口湖

富士急行線

山中湖

御殿場
プレミアム・アウトレット

箱根ガラス
の森美術館

小田急線

▲
富士山

強羅

小田原

箱根本箱

箱根海賊船

箱根湯本

芦ノ湖

PHOTO:坪内政美

ASUKAグルメ&リゾートシリーズ

グルメ&リゾート列車の旅
パーフェクトガイド

2023年7月25日　初版発行

発行人	黒川文雄
編集人	牧窪真一
発行所	飛鳥出版株式会社
	〒102-0071 東京都千代田区富士見2-3-7 タカオビル
	TEL 03-3526-2070
印刷所	株式会社綜合印刷

Staff

編集・制作	株式会社美和企画(古橋龍一)
制作協力	遠藤則男　岡田奈緒子　西村海香　林 いくこ
デザイン	桜田もも
地図	伊藤真由美(ito)
取材協力	東急株式会社
	西日本旅客鉄道株式会社　東日本旅客鉄道株式会社
	一志治夫　木村英一　中村浩枝　ドーンデザイン研究所
写真提供	安藤昌季　伊藤岳志　川井 聡　坪内政美
	牧野和人　皆越和也　PIXTA　photolibrary

あいの風とやま鉄道株式会社　秋田内陸縦貫鉄道株式会社
えちごトキめき鉄道株式会社　近畿日本鉄道株式会社
小湊鐵道株式会社　三陸鉄道株式会社　四国旅客鉄道株式会社
しなの鉄道株式会社　島原鉄道株式会社　西武鉄道株式会社
樽見鉄道株式会社　道南いさりび鉄道株式会社　長野電鉄株式会社
長良川鉄道株式会社　西日本鉄道株式会社　のと鉄道株式会社
肥薩おれんじ鉄道株式会社　平成筑豊鉄道株式会社
富士山麓電気鉄道株式会社　WILLER株式会社　※各項五十音順

飛鳥出版特設サイト
「グルメ&リゾート列車情報」はこちら!
https://gr-train.com

飛鳥出版ホームページ　　http://asukashuppan.co.jp
飛鳥出版フェイスブック　https://www.facebook.com/asukashuppan/
飛鳥出版Twitter　https://twitter.com/asukashuppan